Polyglott-Reiseführer

# Bamberg – Bayreuth Oberfranken

*Mit 18 Illustrationen sowie 7 Karten und Plänen*

**Allgemeines**



**Stadtbeschreibungen**



W0351551

**Reiserouten**



**Polyglott-Verlag** München

Herausgegeben von der Polyglott-Redaktion
Verfasser: Willy Heckel
Illustrationen: Vera Solymosi-Thurzó
Karten und Pläne: Gert Oberländer nach Entwürfen der Polyglott-Kartographie
Umschlaggestaltung: Christa Manner, München
Fotograf: Bernd Ducke/Superbild
Typographie: Brigitte und Hans Peter Willberg

Ergänzende Anregungen, für die wir jederzeit dankbar sind,
bitten wir zu richten an:
Polyglott-Verlag, Redaktion, Postfach 40 11 20, 8000 München 40.

Alle Angaben wurden sorgfältig geprüft. Dennoch kann eine Gewähr für Vollständigkeit und Richtigkeit nicht übernommen werden.

**Zeichenerklärung:**

◷ Öffnungszeiten ✈ Flugverbindungen
Eisenbahnverbindungen Autobusverbindungen
Sehr gute Hotels Gute Hotels Einfache Hotels
Jugendherbergen Campingplätze
Freischwimmbäder Hallenbäder

Die hinter den Sehenswürdigkeiten in eckigen Klammern stehenden Ziffern und Buchstaben decken sich mit den auf den Plänen eingezeichneten Ziffern und Buchstaben.

Ziffern am Seitenrand weisen auf die Wegenummer hin.

**1. Auflage 1992/93**
Redaktionsschluß: Juni 1992
© 1992 by Polyglott-Verlag Dr. Bolte KG, München
Printed in Germany / Druckhaus Langenscheidt, Berlin / L,w. VIII. Eu.
ISBN 3-493-60645-1

*Kloster Banz*

# Land und Leute

Unter den sieben bayerischen Regierungsbezirken ist das im Nordosten des Freistaates Bayern gelegene Oberfranken der heterogenste, in sich widersprüchlichste. Wen die »Schuld« trifft? Napoleon zunächst. Die politischen Veränderungen, die durch ihn in der Mitte Europas veranlaßt wurden, gaben dem damaligen Kurfürstentum und späteren Königreich Bayern zwischen 1802 und 1810 die Chance, zwei historisch völlig voneinander getrennte, ja zum Teil im Gegensatz zueinander gewachsene Territorien, nämlich das Hochstift Bamberg und das damals preußische Fürstentum Bayreuth, zu vereinnahmen und zur bayerischen Verwaltungseinheit des Main- und späteren Obermainkreises zusammenzufassen. Seit 1837 wird dieses Gebilde Oberfranken genannt. 1920, als aus dem Königreich Bayern eben ein Freistaat geworden war, kam per Volksabstimmung ein drittes historisch geprägtes Territorium dazu: das ehem. Herzogtum Coburg. Das Ergebnis waren eine »Ehe zu dritt« und als deren Folge zwei sich deutlich voneinander unterscheidende Regionen, in denen Bayreuth zwar oberfränkischer Regierungssitz ist, das mit mehr städtebaulicher Schönheit und größerem historischem Gewicht ausgestattete Bamberg jedoch »heimliche Hauptstadt«. Coburg und Hof bilden weitere Oberzentren der Region.

So unterschiedlich wie die historische Herkunft der zu Oberfranken vereinten Territorien sind auch ihre Geologie und die daraus entstandenen Landschaftsbilder. Die Tallandschaften von Main und Regnitz, die bizarr-romantische Fränkische Schweiz, das uralte Fichtelgebirge, das Waldland des Frankenwaldes und – am Rande – der Steigerwald und die Haßberge unterscheiden sich ebenso deutlich voneinander wie die barock-katholische Heiterkeit der Städtebilder im Westen von den z. T. hugenottisch-strengen Stadtansichten im Osten oder der gepflegten Residenzkultur Coburgs, von Hof gar nicht zu reden.

Nicht genug damit: jede der beiden Regionen mit Bamberg und Bayreuth hat eigene Universitäten, religiöse Kapitalen, eine eigene wirtschaftliche Entwicklung und – um die Dualität auf die Spitze zu treiben – auch je einen Basketball-Bundesligisten. Wenn beide gegeneinander antreten, zeigt sich Oberfranken in voller Ehrlichkeit als Bezirk, dessen Teile lebhaft miteinander konkurrieren.

Die Akzeptanz dieser Unterschiede, ja deren Kultivierung ist es, die Oberfranken zusammenhält – sie und sein besonderes Schicksal: Einst zugeschnitten in der Mitte Deutschlands, geriet Oberfranken nach 1945 an den Rand, ist jedoch seit der Wiedervereinigung zurückgekehrt zu seiner früheren Aufgabe, eine Brücke zu bilden zwischen Süden und Norden, Westen und Osten. So gesehen ist Oberfranken heute durchaus auch europäisches Herzland. Von daher hat Oberfranken auch im Tourismus einen hohen Stellenwert, besonders weil ihm die unterschiedliche Herkunft und Ausprägung seiner Regionen hier nur zum Vorteil gereichen. Oberfranken ist ein Landstrich der inneren Spannung und des schnellen Wechsels der Bilder. Der Tourismus registriert es mit steigender Tendenz.

## Lage, Größe, Grenzen

Oberfranken steht seiner Größe nach unter den sieben bayerischen Bezirken an fünfter Stelle. Es hat auf einer Fläche von 7230 km² rund 1,05 Millionen Einwohner. Das entspricht einer Bevölkerungsdichte von 146 Menschen pro km². Begrenzt wird es gegen Norden von Thüringen und Sachsen, im Osten stößt es an die ČSFR und den bayerischen Regierungsbezirk Oberpfalz, im Süden an Mittel- und im Westen an Unterfranken. Zwei Drittel der Bevölkerung leben in Orten mit weniger als 20 000 Einwohnern.

Die größten Städte Oberfrankens sind – in dieser Reihenfolge – Bayreuth, Bamberg, Hof, Coburg, doch ist keines dieser Zentren eine Großstadt.

Das Wappen des Bezirks ist dreigeteilt. Es zeigt einen Löwen aus dem Bamberger Hochstiftswappen, das Schwarz-Silber des Hohenzollernwappens für die ehemalige Markgrafschaft Bayreuth-Kulmbach und den Rautenkranz des früheren Herzogtums Coburg über dem die drei Teile verbindenden rot-weißen fränkischen Rechen.

## Bodengestalt

Oberfranken ist keine selbständige geographische Einheit; ebensowenig ist es geologisch aus einem Guß. Mindestens vier geologische Bauelemente prägen seine Gestalt und sorgen für einen außerordentlichen Reichtum an Landschaftsformen. Die Fränkische Alb (Fränkische Schweiz) durchzieht in Nord-Süd-Richtung von Lichtenfels im Norden bis zur südlichen Grenze des Bezirks bei Gräfenberg die westliche Region und setzt sich nach Süden zu als Oberpfälzer Alb weiter fort. Zwei Landschaftsbilder sind für sie charakteristisch: das Albhochland mit weiten Horizonten und dem weichen Wellenspiel seiner z. T. stark aufgeforsteten Hochflächen, über die oft bizarre Dolomitfelsformationen hinausragen, und die Tallandschaften mit tief eingefrästen Bächen und Flüssen sowie felsbestandenen Talwänden, nach denen die Alb um die Mitte des 19. Jhs. den Namen Fränkische Schweiz erhalten hat. Typisch ist das große Vorkommen von Tropfsteinhöhlen; rund 1000 sind zugänglich.

Im Osten Oberfrankens klettert das Fichtelgebirge mit Schneeberg und Ochsenkopf über die 1000-m-Marke – Urgestein, das aus dem Erdinnern emporstieg, Granittürme, von deren Wucht schon Goethe beeindruckt war, Felslabyrinthe, in denen Riesen gespielt zu haben scheinen, Blockmeere, Moore und Seen, die größten davon künstlich, prägen das bewaldete Gebirge, das als große europäische Wasserscheide »seine« Flüsse zu Rhein, Elbe und Donau fließen läßt.

Geologische Turbulenzen haben den Frankenwald über unendlich lange Zeiträume geformt. Typisch für ihn sind der schnelle Gesteinswechsel vom Gneis über Quarzite bis zum Tonschiefer, die tiefen, grünen Schluchten gleichenden Täler und die kuppigen Waldhäupter mit ihren Rodungstonsuren, deren höchste bis zu 700 m (Döbraberg) über Normalnull reichen. Zwischen Fränkischer Alb und Frankenwald/Fichtelgebirge erstreckt sich das oberfränkische Bruchschollenland mit treppenartigen Schichtstufen und einem reizvollen Wechsel von Plateau-, Becken- und Talgrundlandschaften. Es bleiben noch die »stromdurchglänzten Auen«, die Victor von Scheffel besungen hat (die Talzüge von Main und Regnitz), und am westlichen Rand Oberfrankens die Keupergebirge des Steigerwaldes und der Haßberge, beide stark bewaldet.

## Gewässer

Beherrschendes Gewässer Oberfrankens ist der aus zwei Quellflüssen gespeiste Main, schiffbar ab der Regnitz-Mündung bei Bamberg. Seine wichtigsten Nebenflüsse sind Rodach, Itz und Baunach. Vom Süden her fließt die aus dem Mittelfränkischen kommende Regnitz, die sich hinter Bamberg mit dem Main vermählt. In sie ergießen sich Wiesent, Aisch und Aurach sowie die zwei Ebrachflüsse aus dem Steigerwald. Parallel zur Regnitz verläuft zwischen Bamberg und Forchheim (und weiter nach Nürnberg) die hier als Stillwasserkanal gebaute Großschiffahrtsstraße Rhein-Main-Donau.

Neben Idyllen wie dem romantisch gelegenen Fichtelsee im Fichtelgebirge locken die großen

Freizeitgewässer und Stauanlagen des Weißenstädter Sees (50 ha), des Untreusees vor den Toren Hofs (60 ha), der Ködeltal-Trinkwassersperre im Landkreis Kronach (92 ha) und der Förnitztalsperre bei Schwarzenbach/Saale (120 ha). Hinzu kommen viele Baggerseen an Obermain und Regnitz mit einer Wasserfläche von weiteren gut 500 ha. Dennoch ist Oberfranken des schnellen Abflusses seines Hydrosystems wegen ein eher wasserarmes Land. Komplizierte Überleitungssysteme sollen das Defizit mit Wasser aus dem Einzugsbereich der Donau auffüllen.

## Klima

Wen wundert's (noch): Auch das Klima in Oberfranken ist nicht einheitlich. Die Summe der Niederschläge steigt von Westen nach Osten deutlich an, gleichzeitig sinkt in gleicher Richtung das Temperaturmittel. Bamberg hat einen durchschnittlichen Jahresniederschlag von 640 mm, auf der Fränkischen Alb werden fast 900 mm gemessen, nur knapp 800 dagegen in Bayreuth. Die nachhaltigsten Niederschläge verzeichnen Frankenwald und Fichtelgebirge mit mehr als 1000 mm im Jahr. Die oberfränkische Spitze hält der Ochsenkopf mit 1300 mm.

Bei den Temperaturen sind die Unterschiede nicht so kraß. Am wärmsten ist es wiederum im Westen, in den Tälern von Main und Regnitz. Das Jahrestemperaturmittel liegt hier bei 8,5 °C. Nach Osten zu fällt es kontinuierlich ab: Frankenalb 7,1, Fichtelgebirge 5,9 °C. Während im Westen mit rund 150 Tagen, an denen das Temperaturmittel 10 Grad nicht unterschreitet, gerechnet wird, sind es im Fichtelgebirge nur 120.

## Pflanzen- und Tierwelt

Dem gesamten Bezirk Oberbayern gemeinsam ist der große Waldreichtum. Gemessen an der Gesamtfläche liegt der Waldanteil bei knapp 40 Prozent (vgl.: Bayern 33,7%; westdeutsche Bundesländer insgesamt 26%). Die waldreichsten Gebiete Oberfrankens sind Frankenwald und Fichtelgebirge. Gut sieben Prozent der Grundfläche Oberfrankens sind als Landschaftsschutzgebiete ausgewiesen; das ist ein Anteil, der unter dem des ganzen Freistaates Bayern liegt (12,3%).

Im Westen, insbesondere im Steigerwald, dominieren die Laubwälder. Der größte zusammenhängende Laubwald ist der vorwiegend mit Buchen bestandene Wald des ehemaligen Zisterzienserklosters Ebrach am Westrand Oberfrankens. Unmittelbar an das Bamberger Stadtgebiet grenzt der wegen seiner mächtigen Kiefern berühmte Hauptsmoorwald. Kiefernstämme aus dem Hauptsmoor wurden wegen ihres geraden Wuchses häufig als Schiffsmasten verwendet und bis in die Niederlande exportiert. In Frankenwald und Fichtelgebirge dominieren Fichte und Tanne. Die Tallandschaften von Regnitz, Main und ihren Nebenflüssen werden von Heckenbändern von Schlehe und Weißdorn begleitet.

Die typischste und geschlossenste Pflanzengesellschaft ist im Fränkischen Jura anzutreffen. Hier blühen im Frühjahr Seidelbast und Küchenschelle, Märzenbecher und Anemonen, Leberblümchen und Buschwindröschen, Orchideen wie Knabenkraut und Waldvögelein, gelegentlich auch der Frauenschuh. Im Spätsommer öffnet die Silberdistel ihre Sonnen. Auf den Talhängen wachsen aus dem für die Alb typischen Trockenrasen die dunklen Säulen des Wacholders und lassen an mediterrane Landschaftsbilder denken. Im Itztal, gegen Coburg zu, fallen die bizarren Weidenstrünke auf, die den Fluß begleiten. Während sich im westlichen Oberfranken die Waldschäden noch in Grenzen halten, sind die Waldbestände auf den Hochflächen des Fichtelgebirges bereits empfindlich geschädigt.

Der Besatz an Haar- und Federwild ist nicht so stark, daß er z. B. beim Wandern besonders auffiele. Selten geworden ist der Feldhase; Rehe sieht man relativ häufig, das Wildschwein begegnet einem dagegen nur noch auf der Speisekarte.

Die Fasanenbestände sind durch systematische Aufzucht wieder stärker geworden; im Fichtelgebirge balzt auch noch der Auerhahn, gibt es Birk- und Haselhuhn. In einigen Bereichen der Fränkischen Schweiz kreist wieder der Falke; seine Horste werden streng bewacht. Überall in Oberfranken trifft man Specht und Eichelhäher an.

Die Qualität der oberfränkischen Gewässer ist in den achtziger Jahren durch den verstärkten Bau von Kläranlagen deutlich besser geworden. Die Gewässergütekarte weist das konkret aus. Analog dazu steigt auch wieder der Fischreichtum. Glasklar sind nach wie vor die meisten Bäche der Fränkischen Schweiz, des Frankenwaldes und des Fichtelgebirges. Die Forelle ist dafür ein Indikator. In den großen Baggerseen im Regnitz- und Maintal stehen Zander und Hecht. Der wichtigste oberfränkische Fisch ist der Karpfen, der vor allem als sog. Spiegelkarpfen in den Weihern des Aisch- und Aurachtales südwestlich von Bamberg in großen Mengen gezüchtet wird. Die Weiherlandschaft sichert auch Storch und Reiher das Überleben. Wiedereingebürgert wurden in vielen Bächen Perlmuschel und Flußkrebs.

## Bevölkerung

Oberfranken hat am Beginn der neunziger Jahre 1,052 Millionen Einwohner. 54 % der Oberfranken sind protestantisch, rund 45 % katholisch. Das Bistum Bamberg deckt ganz Oberfranken und den größten Teil Mittelfrankens ab. Die einst sehr großen jüdischen Gemeinden Oberfrankens wurden vom Nationalsozialismus nahezu ausgelöscht.

Stammesgeschichtlich dominiert die fränkische Herkunft, doch sind auch thüringische und slawische Elemente unverkennbar. Jüngste Grabungen z. B. in Bamberg weisen starke slawische Besiedlung zur Zeit der fränkischen Landnahme und auch später nach.

Dem Wesen nach sind die Oberfranken nicht so »vigilant« (gewandt, aufgeweckt) wie die Unterfranken, doch sind sie durchaus gesprächig, ohne laut zu sein, und ausgleichend trotz aller Veranlagung, sich gern einzuigeln und einzumauern. Der derbste oberfränkische Schlag »wächst« im Frankenwald und hier wiederum vor allem bei den Flößern, doch darf deren rauhe Schale nicht darüber hinwegtäuschen, daß in ihr sehr viel Herzlichkeit und vor allem auch Gastfreundschaft eingeschlossen sind. Die starke Zuwanderung bei Kriegsende aus Schlesien und dem Sudetenland ist heute im Oberfränkischen aufgegangen.

## Sprache

Die oberfränkische Dialektsprache ist eine Spielart des Fränkischen. Allen Dialektschattierungen gemeinsam ist das Schlucken des »e« in der Endungssilbe »en«. Man sagt nicht halten, sondern haltn, nicht laufen, sondern laufn. Zugleich wird aus den Doppellauten »au« und »ei« (ai) in der Regel ein »a«, wie bei Maa für Main, Klaad für Kleid und Laafn für Laufen. Die für das Oberfränkische typische Verkleinerungssilbe ist das »la«: Madla (Mädchen), Gäula (kleines Pferd), Schleifla (Schleifchen). Das unbestimmte Fürwort wird in der Regel als »a« gesprochen, also: a guts Essn oder a weiter Weg. Zu alledem kennt das Oberfränkische keine harten Konsonanten, vor allem kein »t« und »p«. Oberfränkische Mundartpoeten wie etwa der Bamberger Gerhard C. Krischker schreiben deshalb bereits seit längerem in der Lautsprache, was sich dann so liest: A bligg foddä Altenburg (ein Blick von der Altenburg) oder: Miä homm die Höll scho auf Eädn, obbä an Weech durchs Baradies aa (Wir haben die Hölle schon auf Erden, aber auch einen Weg durchs Paradies). Mit »Hölle« und »Paradies« sind übrigens zwei Bamberger Straßennamen gemeint. »G« am Ende wird wie »ch« gesprochen, also Bamberch statt Bamberg. Im übrigen sind K und G, wie im Bamberger Dialektwörterbuch von Georg Reinfelder zu lesen ist, »laichd dsum fäwägsln« (leicht zu verwechseln).

## Brauchtum

Die Verschiedenartigkeit Oberfrankens nach seiner historischen Herkunft und die Vielfalt seiner Landschaftsbilder drückt sich am deutlichsten im Brauchtum aus. Besonders viele Volksbräuche haben sich im westlichen, dem überwiegend katholischen Teil des Bezirks erhalten. Zu Dreikönig trinkt man sich hier überall die Stärk' an; in Pottenstein in der Fränkischen Schweiz treffen sich am gleichen Tag Tausende von Menschen zum traditionellen Lichterfest, zu dem die steilen Felshänge über dem Alb-Städtchen regelrecht brennen. Die Sternsinger – Buben und Mädchen aus den katholischen Pfarreien – singen in den Häusern ihr Sprüchla.

Im Süden Oberfrankens, bei Forchheim, sind noch uralte Fastnachtsbräuche im Schwange. In Effeltrich verscheuchen am Fastnachtssonntag die Fasalecken den als Strohbär getarnten Winter und treiben ihn hinüber nach Baiersdorf ins Mittelfränkische. Heilige Gräber werden v. a. in Bamberg aufgebaut, die schönsten davon in St. Michael und St. Getreu. In der Fränkischen Schweiz sind zu Ostern alle Brunnen geschmückt, meist mit bunt bemalten ausgeblasenen Eiern. Georgiritte finden am Senftenberg bei Bamberg und in Effeltrich zwischen Forchheim und Erlangen statt. Am ersten Maisonntag trifft sich halb Franken auf dem krummen Buckel des Walberla, womit die Ehrenbürg über dem Wiesenttal gemeint ist, zum Berg- und Frühlingsfest.

Im Juni ziehen dann überall in Oberfranken die Wallfahrer durch das Land. Die wichtigsten Wallfahrtsziele sind Gößweinstein, Vierzehnheiligen und Marienweiher bei Kulmbach. Die Lust zum Wallfahrten kulminiert in den großen Fronleichnamsprozessionen. Die prächtigste in Nordbayern ist die große Bamberger Fronleichnamsprozession. Die Kirche von Bamberg entfaltet an diesem Tag alle Pracht vergangener Zeiten. Sehenswert ist auch die Schwedenprozession am Sonntag nach Fronleichnam in Kronach.

Anschließend feiert Oberfranken Kirchweih und eine lange Reihe anders motivierter Feste. Die wichtigsten und bestbesuchten sind das Annafest im Kellerwald in Forchheim (Ende Juli), die Bierwoche in Kulmbach (Ende Juli) und die Biertage in Bamberg (ebenfalls Juli), das Bayreuther Volksfest (Juni), das Freischießen im August in Kronach, das Schützenfest in Staffelstein und die berühmte Sandkirchweih in Bamberg (letztes Augustwochenende). In Muggendorf wird im Herbst das Kürbisfest begangen, zu Martini ziehen die Kinder in Lampionumzügen und hinter St. Martin zu Pferde durch ihre Städte, im Dezember werden die Krippen aufgebaut, die meisten davon in Bamberg, wo sie zum Krippenweg formiert sind. Brauchtumsbezogen sind auch die Märkte, so der uralte Mittefastenmarkt und der Honigmarkt am Fastnachtsdienstag in Bamberg oder der Korbmarkt in der Korbmachermetropole Lichtenfels im September.

## Wirtschaft und Verkehr

Die Realteilung und eine Fülle von Feudalherrschaften haben verhindert, daß sich in Oberfranken großbäuerliche Strukturen bilden konnten. Es überwiegen kleinbäuerliche Betriebe und Nebenerwerbslandwirte. Die Zahl der bäuerlichen Vollerwerbsbetriebe ist auf rund 7000 gesunken. Vorherrschend ist der Getreideanbau; wegen der großen Brauereidichte steht neben Roggen und Weizen besonders viel Gerste auf den Feldern. Landwirtschaftliche Sonderformen in Oberfranken sind der Gartenbau im Bamberger Becken – mit allem gängigen Gemüse bis hin zum Spargelanbau – sowie der Obstanbau in der Fränkischen Schweiz, v. a. der Süßkirschenanbau rund um das Walberla.

Reich konnte sich, insbesondere in den oberfränkischen Städten, das Handwerk entfalten. Typisch sind die Korbflechterei in und um Lichtenfels, das Handweben im Frankenwald, das Klöppeln von Spitzen in Nordhalben, die Flößerei im Landkreis Kronach, das Brauhandwerk überall im Bezirk, die Glasbläser und die Spielzeugmacher im Frankenwald und um Coburg, die Holzhandwerker und die Köhler, deren Meiler im Frankenwald immer noch brennen.

Oberfranken zählt gleichzeitig zu den ältesten deutschen Industrieregionen. Diese Feststellung gilt vor allem für den Nordosten des Bezirks. In den letzten Jahrzehnten hat sich jedoch das wirtschaftliche Schwergewicht unter dem Einfluß der extremen Randlage mehr in den Westen, also in die Räume Coburg und Bamberg verlagert.

Die klassischen Industrien Oberfrankens sind zunächst die Textilindustrie mit Firmen von Weltgeltung in Hof a.d. Saale, Bayreuth, Kulmbach, Bamberg und Forchheim, ebenso die feinkeramische und die weltbekannte Porzellanindustrie, deren Zentrum in und um Selb liegt. Stark vertreten sind um Lichtenfels und Coburg die Polstermöbel- und Korbwarenindustrie, elektrotechnische und Kfz-Zulieferindustrie sowie der Maschinenbau im westlichen Teil des Bezirks. Im Tettauer Winkel an der Grenze nach Thüringen wird Glas erzeugt, Kulmbach ist einer der bedeutendsten deutschen Brauereistandorte. Seiner Industriedichte nach steht Oberfranken unter den sieben bayerischen Bezirken an zweiter Stelle. – Bedeutende Landesbehörden sind neben der Regierung von Bayreuth das Oberlandesgericht in Bamberg, eines von insgesamt vier Oberlandesgerichten in Bayern, ferner in Bamberg die Flurbereinigungsdirektion und in Bayreuth das Verwaltungsgericht. Von den oberfränkischen Städten sind vier kreisfrei: Bayreuth, Bamberg, Hof und Coburg. Wichtige Funktionen erfüllen die sog. zentralen Orte, hier v. a. Forchheim, Neustadt bei Coburg, Lichtenfels, Kronach, Kulmbach, Marktredwitz und Selb. Oberfranken hat seit der Gebietsreform noch neun Landkreise.

## Verkehrslage

Die Verkehrslage Oberfrankens hat sich mit der deutschen Einigung im Oktober 1990 schlagartig geändert. Jahrzehntelang hatte der Bezirk unter der extremen Randlage an den Grenzen zu DDR und ČSFR gelitten; nun muß sich seine Verkehrs-Infrastruktur möglichst schnell auf die wiedergewonnene Mittellage im Herzen Europas ausrichten. Eine Brückenfunktion hat Oberfranken vor allem im Verkehr mit der Tschechoslowakei.

Lange Zeit wurde Oberfranken von der A 9 (Nürnberg – Hof – Berlin) als einziger *Autobahn* erschlossen. Mittlerweile kam durch die A 73 (Frankenschnellweg) eine weitere leistungsfähige Nord-Süd-Verbindung zwischen Nürnberg und (derzeit) Lichtenfels hinzu. Gleichzeitig stellt die großenteils bereits fertiggestellte A 70 (Maintalautobahn) von Bayreuth über Bamberg eine leistungsfähige Verbindung in den Westen der Bundesrepublik her.

Noch ungenügend ist Oberfranken an das europäische *Eisenbahnnetz* angeschlossen. Den beiden Fernlinien von Nürnberg über Bamberg und Ludwigsstadt nach Berlin und von Nürnberg über Bayreuth nach Hof und Dresden steht nur eine gut ausgebaute Verbindung in den Westen von Bamberg nach Würzburg gegenüber.

*Flugverkehr* ist nur von und nach Hof und Bayreuth möglich. Nächstgelegener Großflughafen ist Nürnberg, von Bamberg aus rund 55 km entfernt.

Der kulturelle Reichtum Oberfrankens ist sehr groß. Wo anfangen? Zum Beispiel in Hof – »in Bayern ganz oben«. Die Hofer Filmtage im Herbst sind nach Berlin das wichtigste deutsche Filmfestival. Der Hofer Herbst bringt experimentelle Kunst in Fülle: »Hof-Kultur«. Das Städtebundtheater Nordostoberfranken strahlt als Landesbühne mit Gastspielen in viele Städte aus. Die Hofer Symphoniker sind zwar nicht so bekannt wie ihre Bamberger Namensvettern, zählen aber doch zu den wichtigen deutschen Orchestern.

Es folgt Coburg, dessen ehemalige Residenzkultur immer noch in voller Blüte steht. Dies gilt insbesondere für das Landestheater Coburg, eine staatliche Bühne wie das Residenztheater oder die Staatsoper in der Landeshauptstadt München. Auch sie gastiert in anderen oberfränkischen Städten, vor allem mit Opern.

Tradition und der Wille, sie zu erhalten, tragen das Bamberger Stadttheater. Es ist nach dem großen Romantiker E. T. A. Hoffmann benannt, der hier 1808–1813 als Musikdirektor wirkte.

Weltberühmt sind die Bamberger Symphoniker, die aus der ehem. Deutschen Philharmonie in Prag hervorgegangen sind und längst als das bekannteste deutsche Reiseorchester gelten. Die Bamberger Symphoniker bespielen in Bamberg vier Abonnements und sind außerdem in zahlreichen Kammermusik- und Instrumentalensembles zu hören. Das Bamberger Konzertangebot übertrifft das mancher Großstadt, zumal da sich neben den Symphonikern mehrere weitere Ensembles von Rang gebildet haben, z. B. die Capella musica antiqua (Prof. Wolfgang Spindler).

*Der Bamberger Reiter im Kaiserdom*

## Literatur und Philosophie

Bambergs Ruf als einer Stadt der Bücher, der Literatur und des (frühen) Buchdrucks verblaßte mit dem Verlust an politischer Bedeutung. Dennoch wurde die Stadt nach dem Untergang des Hochstifts 1803 noch einmal Zentrum einer literarischen Bewegung: Mit Heidelberg und Jena war sie ein Hort der deutschen Romantik. Hier »entdeckte« sich E. T. A. Hoffmann (1808–13) selbst als Dichter, hier schrieb F. G. Wetzel seine »Nachtwachen des Bonaventura«, ließ Hegel, der 1807/08 in Bamberg arbeitete, sein Hauptwerk »Phänomenologie des Geistes« drucken.

Die überragende Gestalt der oberfränkischen Literaturszene im 19. Jh. war jedoch der in Wunsiedel geborene und hauptsächlich in Bayreuth lebende Jean Paul Richter (1763–1825), ein Dichter von europäischem Rang. Leider hatte das 20. Jh. nichts Gleichrangiges hinzuzufügen.

## Festspiele

Oberfranken hat die wohl größte Dichte an Festspielen und Freilichtaufführungen in Bayern: die Luisenburg-Festspiele auf der großen Naturbühne bei Wunsiedel im Fichtelgebirge (Juni–Aug.), Freilichttheater auf der Naturbühne von Rodach-Heldritt und Trebgast (jeweils Juni–Aug.), die Calderónspiele im Innenhof der Alten Hofhaltung am Domplatz in Bamberg (Juni/Juli) und schließlich die Wagnerfestspiele in Bayreuth. Dazu kommen festliche Programme wie der Musiksommer Obermain, die Fränkische Festwoche in Bayreuth, das Colloquium musicum in der barocken Pracht des Schlosses Weißenstein bei Pommersfelden (westl. Oberfranken) und die Rosengarten-Serenaden in der Neuen Residenz in Bamberg. Diese Angebotsbreite läßt sich nur aus Oberfrankens dezentraler Struktur erklären.

## Museen

In Oberfranken gibt es rund 80 öffentlich zugängliche Museen. Weltberühmt sind die Kunstsammlungen auf der Veste Coburg (Glas, Kupferstiche); auch das am Fuß des Burgbergs gelegene Naturmuseum ist ein Museum von großer Klasse. Der Bamberger Domschatz mit den großartigen Kaisermänteln und den Gewändern aus dem

Grab Papst Clemens' II. steht im Mittelpunkt der Exponate des Bamberger Diözesanmuseums neben dem Dom, mit dem der Versuch unternommen wird, den einstigen Reichtum des Hochstifts Bamberg an bedeutenden Kunstschätzen aus einem Jahrtausend darzustellen. Weitere wichtige Bamberger Museen sind das Historische Museum und die Sammlungen der Neuen Residenz, das Karl-May-Museum und das Naturkunde-Museum im Universitätsviertel in der Altstadt.

Bayreuth zeigt das Haus Wahnfried, Ziel von Wagner-Anhängern aus aller Welt, und das Jean-Paul-Museum. Auf der Kulmbacher Plassenburg paradieren im Deutschen Zinnfigurenmuseum Armeen von Zinnsoldaten. Regionalen Charakter haben das Fränk.-Schweiz-Museum im malerisch gelegenen ehem. Judenhof in Tüchersfeld, das Vogtlandmuseum (Hof), das Klöppelmuseum in Nordhalben, das Stadtmuseum in der Pfalz in Forchheim, das Fichtelgebirgsmuseum in Wunsiedel, das Schäfermuseum in Ahorn b. Coburg, die staatliche Gemäldegalerie (Veste Rosenberg in Kronach), das Deutsche Korbmuseum in Michelau/Lichtenfels, das Museum der Deutschen Porzellanindustrie in Hohenberg/Eger, das Dt. Dampflokomotiven-Museum in Neuenmarkt, das Trachtenpuppen-Museum in Neustadt b. Coburg, das Flößermuseum in Marktrodach.

### Städtebilder

Die meisten oberfränkischen Städte formieren sich zu außerordentlich eindrucksvollen Stadtveduten, allen voran Bamberg, dessen Altstadt-Totale zu den schönsten deutschen Stadtansichten zählt. Coburgs Veste, Krone Frankens genannt, überragt ein Stadtbild von frappierender Geschlossenheit, in dem vor allem die Renaissance die Akzente setzt. Kulmbach und Kronach, deren Altstadtsubstanz weitgehend erhalten geblieben ist, ducken sich unter mächtigen Festungen.

Fränkisches Fachwerk in Vollendung schmückt Forchheim; von einer mächtigen Burg überragt wird das malerische Pottenstein; Mühlenräder drehen sich noch in Ebermannstadt in der Fränk. Schweiz; Seßlach b. Coburg wird das oberfränkische Rothenburg genannt; Bayreuth kreiert einen eigenen Kunststil, den sog. Markgrafenstil.

### Kirchen und Schlösser

Sakralbauwerke von europäischem Rang schmücken die Städte und das Land. Das bedeutsamste ist der Bamberger Kaiserdom, der in der Reihe der großen Kaiserdome am Rhein steht und vor allem durch seine großartige Plastik, die zum Besten zählt, was das späte Mittelalter geschaffen hat, eine Sonderstellung beansprucht. Ein »Faustwerk des deutschen Barock« hat Balthasar Neumann mit der Wallfahrtskirche Vierzehnheiligen geschaffen, deren Pracht seit einer 1990 abgeschlossenen Generalsanierung wieder voll aufleuchtet. Sehenswert sind die Basilika Gößweinstein, deren Türme über die Hochfläche der Frankenalb hinausragen, die ehemaligen Zisterzienserklöster in Ebrach und Langheim, Himmelkron und die ehemalige Benediktinerabtei Kloster Banz, vergleichbar mit Stift Melk an der Donau und gleich diesem hoch über dem Fluß gelegen. Banz bildet zusammen mit der Basilika Vierzehnheiligen auf der anderen Seite des Mains eine Pforte, wie sie keine andere süddeutsche Kulturlandschaft aufweisen kann.

Oberfranken ist schließlich sehr reich an Schlössern. Die wichtigsten: die Neue Residenz in Bamberg, Schloß Seehof vor den Toren der Stadt, das Neue Schloß und die zauberhafte Grotten- und Fontänenwelt der Eremitage in Bayreuth, Schloß Weißenstein bei Pommersfelden mit einem der schönsten Treppenhäuser des deutschen Barock, das Wasserschloß Mitwitz zwischen Coburg und Kronach, das Stadtschloß der Herzöge von Coburg, die Ehrenburg sowie das grazil-elegante Sanspareil der Markgräfin Wilhelmine von Bayreuth, die zu den kunstsinnigsten Frauen ihrer Zeit zählte. Zum oberfränkischen Grundmuster gehören schließlich noch die zahlreichen Burgen und Ansitze. Die größte Burgendichte trifft man in der Fränkischen Schweiz an. Die bekanntesten Burgen sind: Gößweinstein, das so markant ist, daß von ihm behauptet wurde – zu Unrecht –, Wagner habe in ihm das Vorbild seiner Gralsburg gesehen; Schloß Greifenstein; die Ruine der Neideck. Ganz im Norden Oberfrankens ragt aus dem grünen Gewoge des Frankenwaldes die Burg Lauenstein. Von ihr hat man einen weiten Blick bis nach Thüringen.

Auch das bürgerliche Bauen hat sich in Oberfranken herausragende Beispiele geschaffen. Dazu zählen originelle Fachwerkrathäuser, z. B. in der Adam-Riese-Stadt Staffelstein und in Burgkunstadt, sowie das Rathaus von Forchheim. Zu den großen deutschen Architekturbildern zählt das wie ein Schiff im Fluß verankerte Alte Rathaus in Bamberg. Mehrere oberfränkische Städte sind noch mauerumgürtet: mittelalterliche Befestigungsanlagen mit Türmen und Toren wie in Kronach, Seßlach und in Forchheim, wo es auch barocke Festungswerke zu bewundern gibt. Auch oberfränkische Dörfer haben z. T. noch sehr gut erhaltene historische Bausubstanz.

Wie halten es die Oberfranken mit Speis' und Trank? Sie lieben deftige, ehrliche Kost – und diese in tunlichst großen Portionen. In Oberfranken ißt man sich gern richtig satt. Auf den Speisekarten der Gaststätten herrschen Bratengerichte vor, vor allem der Schweinebraten von Bauch, Kamm oder Schulter, letzterer Schäufela genannt, mit Kloß und Gemüsen wie Wirsing, Sauer- und Blaukraut, Bohnen und Spinat als Beilagen, und mit möglichst viel Soße. Der fränkische Sauerbraten schmeckt nicht so süß wie der rheinische. Das oberfränkische Hochzeitsessen besteht aus folgenden Gängen: Leberklößchensuppe – übrigens: der oberfränkische Leberkloß ist wesentlich kleiner als die im Altbayerischen üblichen Leber-»Kugeln«, in jedem Teller findet man in der Regel mindestens drei löffelgroße; Ochsenfleisch mit frischem Kren (Meerrettich) und Preiselbeeren; zum Hauptgang Kalbs- oder Geflügelbraten. Zum Nachtisch werden gern Kartäuserklöße (aus »Weckla« – Semmeln – und Vanillemilch herausgebraten mit Zucker und Zimt) in Weinsoße oder auch Apfelkräpfla gereicht.

An *Festtagen* wie Hochzeiten und Kirchweihen z. B. essen die Oberfranken zum Kaffee Krapfen, die beim Ausformen, bevor sie ins heiße Schmalz kommen, über das Knie der Bäckerin gezogen werden. Beliebt sind als Kaffeegebäck auch geschnittene Hasen, ein Mürbteiggebäck, Käsekuchen auf großen Blechen, Streuselkuchen und Hefeteige, die mit Obst der Saison belegt werden, von Kirschen über Äpfel bis Zwetschgen.

Eine Wunderwaffe der oberfränkischen Gastronomie ist der *Kloß* – bitte nicht Knödel sagen, das wäre bayerisch, und die Oberfranken legen Wert darauf, daß sie Franken sind und als solche auch respektiert werden. Den Kloß gibt es in mindestens drei Varianten. Die aufwendigste Variante ist die des Thüringer Kloßes, dessen Rezepturen auch im Oberfränkischen seit Jahrhunderten nachgekocht werden. Er wird aus geriebenen rohen und aus gekochten Kartoffeln gemacht und darf im Kloßtopf nicht kochen oder köcheln, sondern nur ziehen. In seine Mitte kommen geröstete Weißbrotwürfel. Als Gast in einer oberfränkischen Gaststätte muß man darauf vorbereitet sein, daß zur Bratenportion und den Gemüse- oder Salatbeilagen zwei Klöße gereicht werden. Ansonsten gibt es den rohen Kloß; die dritte Variante ist der seidene oder halbseidene Kloß (Hauptbestandteile Kartoffeln und Stärkemehl). Eine »Sonderform« des oberfränkischen Kloßes ist schließlich noch der Mehlkloß aus Mehlteig mit geschnittenem Weißbrot darin.

Eine Hauptrolle in der oberfränkischen Eßlandschaft spielt die *Bratwurst.* Zwischen Hof und Forchheim, Ebrach und Marktredwitz ist sie allgegenwärtig. In jeder Stadt brutzeln Bratwürste auf dem Rost. Kommen sie aus dem Sud, heißen sie Blaue Zipfel. Die Bratwurst vom Rost oder aus der Pfanne ißt man entweder im aufgeschnittenen Brötchen mit Senf oder im Lokal mit Sauerkraut auf dem Teller. Seltener gibt es luftgetrocknete oder geräucherte Bratwürste; wenn sie aber angeboten werden, sollte man nicht zögern: Auch in dieser Machart sind sie eine Delikatesse.

Ein Kapitel für sich ist die Länge, die die Bratwurst in Oberfranken zu haben hat. Von den kürzesten Bratwürsten, den Nürnbergern, muß hier nicht geredet werden, weil sie mittelfränkisch sind. Es verdient jedoch festgehalten zu werden, daß man die mit Abstand längsten Bratwürste im Coburgischen findet, vor allem auf dem Coburger Marktplatz. Für ihre Länge gibt es sogar ein historisches Maß: Sie sollten so lang sein wie der Marschallstab des Coburger Stadtpatrons Mauritius (Moriz) auf dem Giebel des Rathauses. Eine »Wurstspezialität« hat auch Hof a. d. Saale: den Würstlesmoo. Das ist ein Wurstverkäufer, der seine Ware in einem Messingkessel »gart«. Wer sich von ihm nicht hat bedienen lassen, hat auch Hof nicht vollends genossen. Eine dritte warme Spezialität ist der Leberkäse, ein Fleischkäse, der vom Metzger hergestellt und in Form großer Laibe vom Bäcker gebacken wird. Zusammen mit einem Kümmel- oder Sauerteigbrötchen ist er ein Hochgenuß.

An dieser Stelle sei eingefügt, daß in Oberfranken *Brot*, Weißbrot ebenso wie dunkles, in einer Vielfalt sondergleichen angeboten wird. Auch die Brotformen sind verschieden. Hauptunterscheidungsmerkmale sind die runde Form, dann heißt das Brötchen meist Weckla, oder die längliche Form, dann mutiert das Weckla zum Kipfla. Beliebt sind Brezen, auch als Laugenbrezen.

Eine Sonderform des oberfränkischen *Gebäcks* ist das Bamberger Hörnla: mürb und in Butter gebacken. Zu Allerheiligen (1. November) gibt es in Bamberg aus dem gleichen Teig Seelspitzen, zu Sebastiani (Januar) Eierringe.

Oberfrankens Küche entfaltet sich am üppigsten bei den Brotzeiten, wenn's also um die *Wurst* geht. Auf den Brotzeittischen lasten Hausplatten von erstaunlichen Durchmessern, roter und weißer Preßsack, Leber- und Blutwürste, Stadt- und Knoblauchwurst (heiß oder »mit Musik« = Essig, Öl, Zwiebeln) und der nicht hinwegzudenkende Ziebeläskäs', worunter man einen angemachten, mit Schnittlauch und Zwiebeln angereicherten Quark verstehen darf. Die Biergärten als das typische Brotzeit-Terrain heißen in Oberfranken, vor allem aber im Bambergischen, Bierkeller, und in sie steigt man nicht hinab, nein – zu ihnen steigt man hinauf, denn sie liegen zumindest in Bamberg auf den Hügeln über der Stadt: dort, wo die Bierbrauer vor Jahrhunderten ihre kühlen Bierkeller in den Sandstein schlugen, und auf ihnen trinken die Bamberger (und die Oberfranken überhaupt) ihr Bier.

Ein Wort noch zur Kirchweih, mundartlich *Kerwa*, zu der sich die oberfränkische Küche besonders anstrengt. Hier wäre bei den Gerichten der »Bocksbraten« genannte Ziegenbraten zu ergänzen, ein typisches Kerwa-Essen. Im Winterhalbjahr sind die Schlachtschüsseln beliebt, doch gibt es sie nicht in der in Schweinfurt üblichen »barocken« Form, sondern nur als Tellergericht mit Kredelfleisch aus dem Kessel, Leber-, Blutwurst- und Bratwürsten.

Das Thema *Fisch* auf der oberfränkischen Speisekarte wird von zwei Flossentieren beherrscht: vom Karpfen und von der Forelle. Den Karpfen ißt man in Oberfranken meist gebacken (paniert), seltener blau; auf alle Fälle ißt man ihn nur in den Monaten mit einem r, d. h. also zwischen September und April. – Die Forelle ist hauptsächlich in der Fränkischen Schweiz daheim.

*Das* Getränk der Oberfranken ist das *Bier*; diese Feststellung gilt sowohl in der West- als auch in der Ostregion, bei den ehem. Hochstiftlern ebenso wie bei den früheren Markgräflern. Bier wird hier nicht nur in großen Mengen getrunken, sondern auch in noch größeren Mengen gebraut; nirgendwo hat Bayern eine größere Brauereidichte. Ende 1990 zählte man in Oberfranken noch sage und schreibe 201 Privatbrauereien.

Gebraut werden vorwiegend helle Biere, doch hat auch das braune und das dunkle Bier seine Freunde (und seine Braustätten). Beliebt sind die Keller- und Lagerbiere, »Stoffe«, die besonders »gut laufen«, d. h. sich in relativ großen Mengen trinken lassen, ohne daß man sich gleich einen Rausch einhandelt. Nahezu jede Brauerei braut um Weihnachten herum auch ihr Starkbier ein, den Bock; manche Sorten erreichen fast Alkoholgehalte leichter Weine. Kulmbach rühmt sich des stärksten Starkbiers der Welt, des Kulminator.

Eine oberfränkische Spezialität ist auch das in Bamberg gebraute Rauchbier, wie es beispielsweise im »Schlenkerla« am Fuße des Dombergs ausgeschenkt wird. Es schäumt fast schwarz in den Gläsern. Seinen rauchigen Geschmack erhält es, weil die Darre zum Trocknen des Malzes durch ein mit Buchenscheiten geschürtes Holzfeuer erhitzt wird. Der Rauch dieses Buchenholzfeuers dringt ins Malzkorn, und dieses nimmt den rauchigen Geschmack mit in den Sudkessel und schließlich ins fertige Bier. Hervorragende oberfränkische Biere kommen außer von Bamberg insbesondere aus Kulmbach, Bayreuth, Hof und aus dem Frankenwald. Die meisten Brauereien an einem Ort gibt es in Bamberg, nämlich zehn. Um die Jahrhundertwende allerdings waren es noch rund 60.

Die Bamberger Brauerei-Gaststätten gewähren das verbriefte Recht, daß man zur Brotzeit seine Vesper an den Wirtshaustisch mitbringen kann und nur das Bier zu bestellen braucht. Dieser Brauch wird von den Wirten der Brauereigaststätten nicht nur geduldet, sondern auch noch dadurch gefördert, daß man den Brotzeitgästen Teller und Besteck zur Verfügung stellt.

Und der *Frankenwein*? Er wird in Oberfranken wieder mit steigender Tendenz getrunken, nachdem sein Anbau Mitte des 19. Jhs. eingestellt wurde, woran die Reblaus die Hauptschuld hatte. Bamberg, dessen sieben Hügel ausnahmslos mit Reben bepflanzt waren, hat nur noch eine einzige Lage, den »Alten Graben«, doch ist in den Gemeinden nordwestlich von Bamberg der Weinbau in den letzten Jahren wieder aufgelebt. Es dominieren die Rebsorten Müller-Thurgau und Silvaner und der »trockene« Ausbau.

Ein Wort noch zu den oberfränkischen *Spirituosen*. Hier sind zwei Spezialitäten auszumachen: Zunächst die Obstschnäpse aus der Fränkischen Schweiz. Das größte Angebot an Obstbränden nahezu aller Frucht- und Geschmacksrichtungen gibt es in Streitberg. Die zweite Spirituosenspezialität Oberfrankens ist im Sechs-Ämter-Land südlich von Hof zu Hause. Hier wird speziell aus den würzigen Kräutern des Fichtelgebirges ein Halbbitter hergestellt, der im gesamten Bundesgebiet Freunde hat und als oberfränkisches Produkt daran zu erkennen ist, daß die Flasche, in der er vertrieben wird, genau so viele Ecken hat, wie das Land, aus dem er kommt, früher Ämter hatte – nämlich sechs!

# Geschichtlicher Überblick

**Um 2000 v. Chr.** (sog. Bandkeramik) und verstärkt in der Urnenfelderkultur (um 1200 v. Chr.) besaß unser Gebiet bereits eine relativ einheitliche Bevölkerung. Allerdings kam es immer wieder zu Zuzügen und Überschichtungen, wie u. a. der Fund in der Jungfernhöhle bei Tiefenellern östl. von Bamberg zeigt, wo man zahlreiche Schädel von geopferten Frauen einer überschichteten, also unterjochten Vorbevölkerung fand.

**400 v. Chr.** machen sich am Obermain die Kelten breit. Auf dem Staffelberg gründen sie eine »Großstadt«, die Bergsiedlung Menosgada. Weitere keltische Höhensiedlungen und -befestigungen entstehen in ganz Oberfranken.

**600** beginnt die stetig anwachsende fränkische Einwanderung in das Maingebiet, das bald nach den Franken benannt wird. Die Franken gestalten auch das heutige Oberfranken – in der Auseinandersetzung und im Zusammenleben mit slawischer Bevölkerung, die von Osten und Norden her kommt. Im Südosten Oberfrankens gelangen baierische Einwanderer bis ans Fichtelgebirge.

**805** werden im Diedenhofer Capitular Karls d. Gr. zwei Königshöfe als Verwaltungszentren in Oberfranken genannt: Hallstadt b. Bamberg und die Pfalz von Forchheim. Oberfranken ist jetzt fester Bestandteil des fränkischen Großreichs.

**906** wird erstmals in der Chronik des Regino von Prüm die Babenbergerburg (später Bamberg) genannt. Die Babenberger unterliegen im Kampf um die Vorherrschaft den (Würzburger) Konradinern, die nach dem Aussterben der Karolinger und dem Verfall ihres Reiches mit Konrad I. den ersten »deutschen« König stellen (911).

**1007** gründet Kaiser Heinrich II. (1002–1024) das Bistum Bamberg. Das Hochstift wird als geistliches Fürstentum zum Ordnungsfaktor.

**1135** beginnen die Grafen von Andechs, um Kulmbach ein Herrschaftsgebiet am oberen Main aufzubauen. Nach ihrem Aussterben 1248 bildet ihr Erbe das Stammland der künftigen Markgrafschaft Kulmbach-Bayreuth. Den Andechsern ist auch die Gründung von Bayreuth zu danken.

**1260** Teile des Andechser Erbes fallen an die Burggrafen von Nürnberg und damit an die Hohenzollern. 1373 erwerben die Zollern auch das Gebiet der Vögte von Weida in und um Hof.

**1331** erhält Coburg von den Grafen von Henneberg Stadtrecht. Nach dem Aussterben der Henneberger werden die Wettiner Landesherren in Coburg und bleiben es bis 1918.

**1507** wird mit der Bamberger Halsgerichtsordnung von Bamberg aus maßgeblicher Einfluß auf die Entwicklung des deutschen Strafrechtes genommen. Moderne Rechtsbegriffe, z. B. Sicherungsverwahrung, werden erstmals formuliert.

**1524/25** überzieht der Bauernkrieg das Land. Viele Burgen gehen in Flammen auf; Bauern erstürmen das Bamberger Kloster St. Michael.

**1530** weilt Martin Luther auf der Veste Coburg. Der größte Teil des heutigen Oberfranken wird protestantisch, der Gegensatz der Territorialgewalten durch religiöse Unterschiede verschärft.

**1552–1554** bringt der Markgräflerkrieg Schrecken und Not über fast ganz Oberfranken.

**1633** nimmt Bernhard von Weimar, Herzog nach des Schwedenkönigs Gustav Adolf Gnaden, Bamberg in Besitz. Im Bamberger Kaiserdom wird ein lutherischer Gottesdienst gefeiert.

**1693–1746** erlebt das Hochstift Bamberg unter den Bischöfen Lothar Franz und Carl Friedrich aus dem Hause Schönborn eine Blütezeit. Die berühmtesten Baumeister der Zeit (B. Neumann, die Dientzenhofers, M. von Welsch) barockisieren den Westteil des jetzigen Oberfranken.

**1735–1763** wird Bayreuth unter Markgraf Friedrich und Markgräfin Wilhelmine eine glanzvolle Residenz zum Ausklang der Epoche absoluter Fürstenherrschaft. Vorher hatte Markgraf Christian Ernst für mehrere hundert Hugenotten die »moderne« Stadt St. Georgen gebaut.

**1802–1803** wird Bamberg bayerisch. Die 800jährige Geschichte des Hochstifts endet. 1810 geht die Markgrafschaft Bayreuth den gleichen Weg. Aus beiden Territorien entsteht der Obermainkreis, das heutige Oberfranken.

**1876** Erste Wagner-Festspiele in Bayreuth.

**1919** flüchten der Bayerische Landtag und die bayerische Staatsregierung vor der in München ausgerufenen Räterepublik nach Bamberg. Der Landtag beschließt hier die erste republikanisch-demokratische Verfassung Bayerns.

**1920** entscheidet sich Coburg per Volksabstimmung für Bayern, Oberfranken ist »komplett«.

**1945** kommt Oberfranken relativ heil aus dem Zweiten Weltkrieg, doch wird es durch die innerdeutsche Grenzziehung Zonenrand. Die bayerische Strukturpolitik verhindert wirtschaftlichen Niedergang und allzu starke Abwanderung.

**1990** erhält Oberfranken mit der Wiedervereinigung seine Rolle als ein Land der Mitte zurück.

Das Ferienangebot in den drei Fremdenverkehrsgebieten Fränkische Schweiz, Fichtelgebirge und Frankenwald sowie am Obermain und im Steigerwald ist so umfangreich, daß es hier nur stichwortartig und im Überblick dargestellt werden kann. Ausführlichere Informationen erhält man bei den Verkehrsämtern und Tourist-Informationsstellen. Die Anschriften dieser Stellen sind beim Stichwort »Auskünfte« zusammengefaßt.

### Angeln

Für Angler ist Oberfranken genau das Richtige. Die meisten Bäche und Flüsse führen noch klares, reines Wasser. Im Fichtelgebirge z. B. bieten 29 Fremdenverkehrsgemeinden Angelmöglichkeit, in der Fränkischen Schweiz sind's 9, und im Frankenwald kann man den Angelhaken ebenfalls fast in allen Orten auswerfen. Informationen erhält man beim örtlichen Verkehrsamt.

### Auskünfte

Auskünfte für Ferien in der Fränkischen Schweiz erteilt die Tourismuszentrale Fränkische Schweiz, Oberes Tor 1 in 8553 Ebermannstadt, ☎ 0 91 94/ 81 01. Für die Stadt Forchheim ist das Städtische Fremdenverkehrsamt in 8550 Forchheim, ☎ 0 91 91/ 8 43 38, zuständig.

Wer Fragen zum Fichtelgebirge hat, wende sich an die Tourist-Information Fichtelgebirge, Bayreuther Str. 4, 8591 Fichtelberg, ☎ 0 92 72/ 62 55, oder an den Fremdenverkehrsverein Bayreuth, Luitpoldplatz 9, ☎ 09 21/ 8 85 88.

Alles über den Frankenwald weiß die Tourist-Information Frankenwald, Amtsgerichtsstr. 21, 8640 Kronach, ☎ 0 92 61/ 7 48. Über die Angebote in und um Coburg informieren das Fremdenverkehrsamt Coburg Stadt und Land, Postfach 666, ☎ 0 95 61/ 9 29 29, und die Tourist-Inf. Oberes Maintal/Coburger Land, Kronacher Str. 80, 8620 Lichtenfels, ☎ 0 95 71/ 1 82 83.

Den Steigerwald im Westen Oberfrankens, hier vor allem das Gebiet zwischen Pommersfelden und Ebrach, betreut die Tourist-Information Steigerwald, Rathausplatz 4 in 8612 Ebrach, ☎ 0 95 53/ 2 17; weitere Hinweise auf die örtlichen Verkehrsämter in den Routenvorschlägen.

### Baden

Freibäder und Hallenbäder gibt es in Oberfranken in allen größeren Gemeinden. Eine Reihe von Frei- und Hallenbädern verspricht besonderen Badespaß. So das Felsenfreibad in Pottenstein/Fränkische Schweiz: hier können Geübte direkt vom Felsen über 10 m tief in die Becken springen. Wunderschön gelegen ist das Höhenschwimmbad in Gößweinstein. Eine Spezialität des Fichtelgebirges und des Frankenwaldes sind Waldbäder. Im Freibad in Wirsberg wartet eine 117 m lange Wasserrutsche. Eine lange Rutsche hat auch das Warmbad Zapfendorf bei Bamberg.

Ein Wellenhallenbad gibt es in Helmbrechts. Bayerns wärmste und stärkste Thermalsole sprudelt im neuen Kurort Staffelstein am Obermain. Das eisen- und kohlensäurehaltige »Gesundheitswasser« kommt mit 52 °C aus 1600 m Tiefe. Hier kann man auch bei größter Kälte im Freien schwimmen. Gleiches ist im Thermalbad Rodach bei Coburg möglich. Wer gerne im freien Wasser schwimmt, der »bediene« sich der vielen Baggerseen im Maintal oder der großen Freizeitseen im Fichtelgebirge und Frankenwald (siehe auch »Gewässer« im Kapitel »Land und Leute«).

### Bootssport/Bootsverleih

Auf der schnellfließenden Wiesent in der Fränkischen Schweiz macht das Bootsfahren besonderen Spaß. Boote mieten kann man in Waischenfeld am Oberlauf dieses Flusses, ferner an der Stempfermühle nahe Behringersmühle im Her-

*Altes Rathaus in Bamberg*

zen der Fränkischen Schweiz und ein paar Kilometer flußab auch an der Sachsenmühle und am Freibad in Streitberg sowie am Schöngrundsee bei Pottenstein. Der Segelsport kann auf dem Untreusee in Hof, in Schwarzenbach a. d. Saale und auf dem Weißenstädter See im Fichtelgebirge ausgeübt werden. Weitere Segelreviere findet man in den Baggerseen am Obermain, v. a. bei Staffelstein. Der Kanusport ist v. a. auf der Wiesent in der Fränkischen Schweiz daheim. Wer hier fährt, sollte allerdings geübter Kanute sein.

## Camping

Camping in der Fränkischen Schweiz konzentriert sich vor allem auf die Campingplätze bei Burg Rabenstein hoch über dem Tal des Ailsbaches nahe der romantischen Sophienhöhle; in Gößweinstein, ebenfalls auf der Jurahochfläche; in Waischenfeld direkt an der Wiesent; vor bizarrer Felsenkulisse an den Ufern der Püttlach bei Pottenstein. Im Fichtelgebirge gibt es 12 teilweise romantisch gelegene Campingplätze.

Im Frankenwald liegen fünf Campingplätze; der Platz in Stadtsteinach hat im Wettbewerb »Vorbildliche Campingplätze in der Landschaft« eine Goldmedaille erhalten.

## Fahrradverleih/Fahrradwandern

Radfahren bzw. Radwandern erfreut sich in allen oberfränkischen Fremdenverkehrsgebieten steigender Beliebtheit. Es gibt deshalb in der Fränkischen Schweiz, im Fichtelgebirge und im Frankenwald fast überall Fahrradverleihe, allein in der Fränkischen Schweiz 17. Der gesamte Bezirk Oberfranken ist mit einem dichten Netz von Radwegen ausgestattet, die alle gleichmäßig markiert sind, und zwar mit kleinen gelben Schildern und dem Fahrrad-Symbol. Für das Fichtelgebirge wird eine Sieben-Tage-Radwanderung ohne Gepäck angeboten; Hinweise bei den Verkehrsämtern in Marktredwitz, Bad Alexandersbad, Wunsiedel, Weißenstadt, Kirchenlamitz und Marktleuthen. An etlichen Fremdenverkehrsorten gibt es auch regelmäßig geführte Radwanderungen.

## Freizeitparks

Steigender Beliebtheit erfreuen sich die oberfränkischen Freizeitparks und Wildgehege. Wildgehege bestehen im Süden bei Hundshaupten nahe Egloffstein (Fränk. Schweiz) und im Nordwesten bei Schloß Tambach b. Coburg. Beide Anlagen gestatten den Besuchern unmittelbare Begegnungen mit Wildtieren. Attraktion des Hundshauptener Wildgeheges ist ein großes Wisentgatter.

Einen modernen Freizeitpark findet man in Oberfranken in Schloß Thurn, Heroldsbach bei Forchheim. Eine Indianerschau wird u. a. im Freizeitpark »Fränkisches Wunderland« in Plech an der Autobahnausfahrt Plech der A 9 Nürnberg – Bayreuth geboten. Neustadt bei Coburg schließlich wartet mit einer Märchenschau auf.

## Hobby-Urlaub

Eine dreitägige Fotosafari zu den schönstgeschmückten Osterbrunnen der Fränkischen Schweiz vermittelt das Verkehrsamt in Forchheim. Das Bemalen von Bauernmöbeln oder Hinterglasmalerei kann man in fünf- bzw. 14tägigen Kursen in dem Jura-Bergdorf Morschreuth erlernen. Wer sich mit dem Golfspielen vertraut machen will, kann auf dem Golfplatz Kanndorf bei Muggendorf (Fränk. Schweiz) ein Pauschalangebot buchen. In der Stempfermühle (Gem. Gößweinstein), einer besonders romantischen Mühle an der Wiesent, wird man im Rahmen eines einwöchigen Pauschalangebots in die Malkunst eingewiesen – an Motiven herrscht kein Mangel! In der Klöppelschule in Nordhalben im Frankenwald wird die Kunst des Klöppelns gelehrt. Sieben Tage kann man sich dazu Zeit nehmen. In Schauenstein im Frankenwald werden Kurse für Bauernmalerei durchgeführt.

## Reisezeit

Oberfranken hat das ganze Jahr über Saison. Ausgesprochene »Winterlöcher« gibt es nicht mehr. So hat beispielsweise Bamberg sein »Winterloch« u. a. mit Hilfe des Bamberger Krippenwegs »gestopft«. Für den Stadttourismus in Oberfranken empfehlen sich als günstigste Reisezeiten Vor- und Spätsommer. So steht die Bamberger Altstadt im September und Oktober am besten im Licht; Gleiches gilt für Coburg und Bayreuth.

Die Fränkische Schweiz ist eine typische Sommerfrische. In ihren kühlen Tälern und auf den weiten Hochflächen ist es auch im Hochsommer angenehm und erholsam. Für Wanderer hingegen sind Spätsommer und Herbst am besten geeignet, zumal da die Laubfärbung gerade in der Fränkischen Schweiz wahre Wunder vollbringt.

Fichtelgebirge und Frankenwald sind zwei Mittelgebirge, die das ganze Jahr über Ferienfreuden versprechen, zudem typische Wandergebiete (siehe Stichwort »Wandern«). Für Schlechtwettertage empfehlen sich Museen und Sammlungen oder Ausflüge in die größeren Städte. Am Obermain sollte man hauptsächlich in Frühjahr, Sommer und Herbst Urlaub machen.

## Reiten

Hier wurde das Angebot bedeutend erweitert. In der Fränkischen Schweiz ist Reiten, auch therapeutisches Reiten, u. a. in Birkenreuth sowie in Eckenreuth möglich; hier gibt es im »Roßhof« eine Reitschule für Anfänger und Fortgeschrittene, ☎ 0 92 44/ 12 18. Im Fichtelgebirge stehen Reitern u. a. neun Reitställe zur Verfügung. Der Ponyhof in Marktleugast im Frankenwald eignet sich vor allem für Kinder und Jugendliche.

## Schiffsverkehr und Wassersport

Schiffsverkehr ist in Oberfranken nur auf Main und Regnitz im Raum Bamberg – Forchheim möglich. In Bamberg finden während des Sommerhalbjahres tägliche Schiffsausflüge ab Einsteigestelle Am Kranen in der Altstadt nahe dem Alten Rathaus statt. Die Fahrt führt durch die malerische Stadtlandschaft vorbei an der Fischersiedlung »Klein-Venedig« hinunter zum Bamberger Staatshafen und in den rechten Regnitzarm, in dem innerhalb des Stadtgebietes auch der Main-Donau-Kanal verläuft. Auskünfte über die Bamberger Personenschiffahrt: Fritz Kropf, Kapuzinerstr. 5, ☎ 09 51/ 2 66 79. Bamberg wird auch von der Personenschiffahrt Würzburg, ☎ 09 31/ 4 27 33, gelegentlich angelaufen. Nach Süden zu ist die Weiterfahrt derzeit bis nach Nürnberg möglich. Anlegestelle für die Würzburger Personenschiffahrt ist die Lände an der Löwenbrücke im rechten Regnitzarm.

Wasserski ist unterhalb des Bamberger Hafens bis zur Staustufe Viereth im Landkreis Bamberg möglich. In diesem Raum haben auch mehrere Wassersportvereine ihre Gelände.

## Segelfliegen

Auf dem Feuerstein über Ebermannstadt in der Fränkischen Schweiz, auf rund 500 m Meereshöhe, hat eine der größten deutschen Segelfliegerschulen ihren Sitz und ihr Fluggelände. Über das sehr umfangreiche Schulungs- und Weiterschulungsangebot informiert die Fränkische Fliegerschule Feuerstein, ☎ 0 91 94/ 3 34. Ein weiteres Segelfluggelände gibt es ganz in der Nähe, auf der Friesener Warte bei Hirschaid. Selbstverständlich ist Segelfliegen auch im Fichtelgebirge und Frankenwald möglich. Drachenfliegen wird in der Fränkischen Schweiz hauptsächlich am Walberla betrieben. Am Görauer Anger nahe dem Städtchen Weismain, auf halbem Weg zwischen Bayreuth und Kulmbach, unterrichtet die Drachenflugschule Nordbayern, ☎ 0 92 73/ 85 88.

## Skisport

Der Volkssport des Skilanglaufs ist in den Mittelgebirgen unter günstigeren Umständen möglich als z. B. in den Alpen. Im Gegensatz zu den meisten Loipen im Alpenraum verlaufen die Loipen in den Mittelgebirgen nicht in den (im Winter kalten) Tälern, sondern auf den oft sonnigen Hochflächen. Der Fränkische Jura ist deshalb ein exzellentes Langlaufgebiet. Zahlreiche Gemeinden halten, immer ausreichende Schneefälle vorausgesetzt, ein umfangreiches und sehr gepflegtes Loipennetz bereit. Langlauf-»Zentren« der Fränk. Schweiz sind Betzenstein/Spies, Pottenstein/Pegnitz und Gößweinstein, ferner die Juralagen um Teuchatz und Wattendorf im Landkreis Bamberg und die anschließenden Jurahochflächen im Landkreis Lichtenfels. Nahezu alle Loipen bilden abwechslungsreiche Rundkurse, die miteinander »verknotet« sind. Im Fichtelgebirge sind im günstigsten Falle rund 400 km Loipen gespurt. Auch in schneearmen Wintern sind einige Loipen in günstiger und hoher Lage immer befahrbar. Besonders attraktiv für Langläufer ist der Ochsenkopf. Es gibt mehrere Loipen, die diesen wichtigsten Skiberg des Fichtelgebirges in verschiedenen Höhenlagen ringförmig umrunden. Der Frankenwald, für den das bisher Gesagte ebenfalls gilt, meldet 70 gespurte Loipen.

Alpiner Skilauf ist nahezu überall in Oberfranken möglich: bedingt in der Fränkischen Schweiz, wo die Zahl der Lifte noch gering ist, in vollem Umfang aber im Fichtelgebirge, wo es 28 Lifte und Bahnen gibt: in Arzberg, Bischofsgrün, Goldkronach, Kirchenlamitz, Marktleuthen, Mehlmeisel, Rehau, Schönwald, Schwarzenbach/Saale, Selb, Waldsassen, Warmensteinach und Wunsiedel. Etliche Skischulen des Fichtelgebirges genießen überregionalen Ruf. Sowohl im Fichtelgebirge als auch im Frankenwald gibt es auch mehrere Sprungschanzen. Im Frankenwald sind 15 Skilifte vorhanden; Schwerpunkte bilden Tettau und Schwarzenbach am Wald, wo jeweils drei Lifte zur Verfügung stehen.

Pferdeschlittenfahrten werden u. a. in Bad Steben, Helmbrechts, Kulmbach, Ludwigsstadt, Marktleugast, Schauenstein und Wallenfels angeboten. Abwechslung und Kurzweil bringt auch das Eisstockschießen, das in den meisten Fremdenverkehrsgemeinden des Fichtelgebirges und des Frankenwaldes gepflegt wird.

## Tennis

Der weiße Sport ist in den oberfränkischen Feriengebieten nahezu überall möglich. Jede größere Gemeinde hat einen Tennisclub, der seine Plätze unterhält. In der Fränkischen Schweiz steht ein gutes Dutzend Tennisanlagen zur Verfügung, im Fichtelgebirge sind es 31 Ferienorte, auf deren Anlagen man spielen kann, zehn Orte haben Tennishallen. Im Frankenwald gibt es sieben Hallen; Plätze im Freien nahezu überall.

## Unterkunft

In den oberfränkischen Feriengebieten und in den vier kreisfreien oberfränkischen Städten findet man zwar eine Reihe vorzüglicher Hotels bis nahe an der Schwelle zum Luxushotel, doch ist der hier beschriebene Raum keinesfalls ein mondänes Urlaubsgebiet. Die Gastronomie wird hauptsächlich von vielen Gasthöfen und kleineren Hotels mittlerer Kategorien geprägt.

Typisch für Oberfranken, insbesondere bei der Einkehr, ist der Landgasthof mit einem Angebot an bodenständigen Speisen und Getränken. Von einigen Ausnahmen abgesehen gilt für Oberfranken auch die Grundregel, daß man hier einen vergleichsweise billigen Urlaub verbringen kann. Zimmerpreise pro Person und Nacht von 25–50 DM sind eher die Regel als die Ausnahme. Auf dem Dorf kann man noch zu Preisen einkehren, die anderswo als »märchenhaft« gelten. Die Zahl der preiswerten Pensionen und der Ferienwohnungen in oft wunderschön gelegenen Häusern ist in den letzten Jahren deutlich gestiegen.

## Urlaub auf dem Bauernhof

Der Urlaub auf dem Bauernhof hat den größten Stellenwert im Feriengebiet der Fränk. Schweiz. Der Verein Urlaub auf dem Bauernhof in der Fränk. Schweiz, Löschwörthstr. 5, 8550 Forchheim, vermittelt die Angebote zentral. Den Gästen wird die Möglichkeit gegeben, den gesamten Kreislauf bäuerlichen Lebens mitzuerleben. Beispiele: dabeisein, wenn in den alten Backöfen das Holzofenbrot gebacken wird, mithelfen bei der Obsternte oder dem Schnapsbrennen und nicht zuletzt der ständige Umgang mit Tieren.

## Wandern

Dies ist ein Hauptkapitel für Ferien in Oberfranken. Fränkische Schweiz, Fichtelgebirge, Frankenwald, Obermaingebiet und Steigerwald sind hervorragende und abwechslungsreiche Wandergebiete. Touren lassen sich auch für Ortsfremde mühelos planen, zumal viele Wanderwege verläßlich und übersichtlich markiert sind. Der Wanderer ist überall, auch in den Hotels, ein gern gesehener Gast. Die Höhenunterschiede,

*Die Cantzley (Stadthaus) in Coburg*

die auf den Wanderwegen bewältigt werden müssen, sind relativ gering. Die meisten Wanderwege sind nach dem Prinzip des »runden« Wegs, der wieder zurück zum Ausgangspunkt führt, angelegt – ausgenommen Fernwanderwege wie der Mainwanderweg oder jene Wanderwege, auf denen man Feriengebiete durchquert.

In der Fränkischen Schweiz werden Sieben-Tage-Wanderungen ohne Gepäck angeboten, alternativ sind auch Fünf- und Sechs-Tages-Touren möglich, und zwar ganzjährig, jedoch mit Schwerpunkten Frühjahr und Herbst. Bei der Tourismuszentrale, dem Fränkische-Schweiz-Verein und bei den Verkehrsämtern liegt eine Broschüre mit Vorschlägen für 25 Rundwanderungen auf.

Im Fichtelgebirge sind 11 Hauptwanderwege markiert, so der Quellenweg (Nr. 8, Länge 46 km), der zu den Quellen der Sächsischen Saale, der Eger, des Weißmains und der Fichtelnaab führt. Die markierten Wanderwege im Fichtelgebirge haben eine Gesamtlänge von 1800 km. Einen »Wanderführer durch das Fichtelgebirge« erhält man in den Buchhandlungen. Eine sechstägige Wandertour ohne Gepäck (Gesamtstrecke rund 100 km) führt von Marktredwitz aus durch das Herz des Fichtelgebirges wieder zum Startort zurück. Auskünfte beim Städt. Fremdenverkehrsbüro in 8590 Marktredwitz.

Für Wanderungen im Frankenwald stellt die Tourist-Information auf Wunsch komplette Angebote zusammen. Auch hier ist Wandern ohne Gepäck möglich, und zwar auf den Europäischen Fernwanderwegen 3 und 6 Mitwitz – Münchberg sowie eine Sieben-Tage-Tour von Hof nach Bad Steben, veranstaltet von der Arbeitsgemeinschaft »Gut essen im Frankenwald«.

Spezielle Wandervorschläge zielen auf den großen Wanderweg des Rennsteigs oder führen von Burg zu Burg oder von Mühle zu Mühle.

Bamberg (237 bis 386 m, 71 000 Einw.) liegt in einem weiten Talkessel, den die Ausläufer der Haßberge, des Steigerwaldes und des Jura bilden. Die Regnitz, in deren rechtem Arm auch die Großschiffahrtsstraße Rhein-Main-Donau verläuft, durchfließt das gesamte Stadtgebiet und mündet nordwestlich von Bamberg, ca. 5 km vom Zentrum entfernt, in den Main. Bambergs Stadtbild zählt zu den eindrucksvollsten und schönsten deutschen Stadtansichten. Mit rund 2300 denkmalgeschützten Gebäuden hat Bamberg unter allen deutschen Altstädten, deren Interessen es zusammen mit Lübeck und Regensburg in einer Arbeitsgemeinschaft vertritt, die größte historische Bausubstanz. Obwohl alle Stile ab der Romanik vertreten sind, dominiert das Barocke. Das in 1000 Jahren gewachsene Stadtdenkmal und Gesamtkunstwerk zu erhalten, zählt zu den großen Aufgaben der Denkmalpflege. Im europäischen Denkmalschutzjahr 1975 war Bamberg deutsche Beispielstadt. 1977 erhielt es die Europa-Goldmedaille für Denkmalpflege der Stiftung F. v. S. zu Hamburg.

Was niemand vermutet: Bamberg ist zugleich die am stärksten industrialisierte Stadt Oberfrankens mit rund 17 000 industriellen Arbeitsplätzen. Es erfüllt zahlreiche zentrale Funktionen und gilt als kultureller Mittelpunkt des Bezirks. An der 1979 wiedergegründeten Universität waren 1991 mehr als 7500 Studenten eingeschrieben.

Der Fremdenverkehr ist in den letzten Jahrzehnten sprunghaft angestiegen. Allein der Domplatz mit dem Kaiserdom und der Alten und Neuen Residenz wird pro Jahr von jeweils rund einer halben Million Menschen besucht.

## GESCHICHTE

Bambergs historische Zelle ist die Burg des ostoberfränkischen Grafengeschlechts der Babenberger, als *castrum papinberc* 902 erstmals erwähnt, von dem die Stadt auch ihren Namen empfing. Seinen Platz hatte es auf einem Bergsporn über der Regnitz genau dort, wo heute der viertürmige Kaiserdom steht. Jüngste Ausgrabungen beweisen indes, daß dieser Platz und sein Umfeld bis hinunter an die Ufer des Flusses bereits im sechsten Jahrhundert besiedelt waren.

Im Kampf mit der karolingischen Königsmacht, in der sog. Babenberger Fehde, erlischt das Geschlecht der Babenberger; ihre Burg fällt 906 an die Krone, wird also Königsgut. Otto I. d. Gr. hält in ihr den langobardischen König Berengar von Ivrea gefangen. Sein Nachfolger Otto II. schenkt 973 die Burg dem Bayernherzog Heinrich der Zänker, dessen 1002 zum deutschen König gewählter gleichnamiger Sohn den Burgbezirk schließlich zum Bistumssitz erhebt. Heinrich, 1014 während seines zweiten Italienzuges zum Kaiser des Heiligen Römischen Reiches deutscher Nation gekrönt, stattet Bamberg so großzügig aus, daß daraus die Absicht gedeutet wird, er habe mit Bamberg dem Reich einen neuen Mittelpunkt oder gar die fehlende Hauptstadt geben wollen. Bereits um 1015 spricht der Chronist Gerhard von Seeon von Bamberg als »Haupt der Welt« (caput orbis), vergleichbar mit Athen und dieses sogar übertreffend.

Heinrichs Kanzler Eberhard wird Bambergs erster Bischof. Der zweite, Suidger, besteigt als Clemens II. den Thron Petri. 1208 wird in der Königspfalz König Philipp v. Schwaben von Otto v. Wittelsbach ermordet. 1237 erhält der jetzige – dritte – Dombau seine Weihe. Obwohl in der Stadt weiter Reichstage stattfinden, verliert Bamberg bald seine zentrale Rolle, doch bleibt es bis zu Säkularisation bzw. Reichsdeputationshauptschluß (1803) Sitz eines selbständigen geistlichen Territoriums, des Hochstifts Bamberg.

Die Bürgerschaft konnte sich gegenüber dem bischöflichen Regiment nur bedingt entfalten. Dennoch breitete sich die bürgerliche Stadt im 12. und 13. Jh. vor allem zwischen den beiden Flußläufen der Regnitz schnell aus. 1230 erhält die Stadt Stadtrecht und Siegel, im 15. Jh. entsteht ihr originelles Rathaus auf einer künstlichen Insel im Fluß. Wegen eines diskriminierenden, zugleich den Bau der Stadtbefestigung verhindernden Rechtsgefälles zwischen der Bürgerschaft und den von den Abgaben an die Stadt befreiten Bewohnern der geistlichen Bezirke, der sog. Immunitäten, kommt es 1435 zum offenen Stadtkrieg, den der Bischof gewinnt. Auch im Bauernkrieg muß der Bischof zwar aus der Stadt flüchten, obsiegt aber letzten Endes doch über die Aufständischen. Auch die Reformation, die das Bild Frankens gründlich verändert, zeigt in Bamberg keine Wirkung; es bleibt katholisch. 1626–1631 wütet unter dem Bischof Fuchs von Dornheim der Hexenwahn. Mehr als 600 Bürger sterben auf dem Scheiterhaufen oder unter dem Beil. Im Dreißigjährigen Krieg besetzen die

Schweden die ungeschützte Stadt, im Siebenjährigen Krieg kommen mehrmals die Preußen. Seine besten Jahre unter dem Krummstab verbringt Bamberg unter den beiden Schönbornbischöfen Lothar Franz und Friedrich Carl zwischen 1693 und 1746. In diese Zeit fällt auch die Barockisierung Bambergs. 1648 bereits hatte die Stadt ihre Universität erhalten, die ihr Bayern aber zugunsten jener von Würzburg 1803 wieder nimmt. Der nach dreißigjähriger Regierungszeit 1862 abgedankte König Otto von Griechenland, Sohn des Bayernkönigs Ludwig I., nimmt in Bamberg Exil. 1919, als die bayerische Staatsregierung und der Landtag vor der in München ausgerufenen Räterepublik nach Bamberg flüchten, wird die Stadt für einige Monate lang noch einmal Hauptstadt. Die vom Landtag 1919 in Bamberg beschlossene erste demokratische Verfassung Bayerns heißt deshalb Bamberger Verfassung. Im Zweiten Weltkrieg bleibt Bamberg nahezu unzerstört, während die Schwesterstädte Nürnberg und Würzburg in den Bombennächten einen Großteil ihrer historischen Identität verlieren. Dadurch hat die Stadt nach tausend Jahren eine neue Aufgabe erhalten: die Rolle einer deutschen Beispielstadt, aus deren Antlitz sich deutsche Geschichte wie aus einem Buch ablesen läßt.

## SEHENSWÜRDIGKEITEN

Bamberg zu erleben, setzt mindestens einen halben Tag voraus. Wer nur zwei oder drei Stunden Zeit hat, sollte sich auf den Dombezirk beschränken und alles andere für einen späteren Besuch aufheben. In der Innen- und Altstadt einen Parkplatz zu finden, ist nahezu aussichtslos.

Am besten parkt man in den innen- und altstadtnahen Parkhäusern »Tiefgarage Geyerswörth/Altstadt« oder »Schützenstraße«. Vom P+R-Platz am Heinrichsdamm (ausgeschildert) besteht ständige Busverbindung zur Innenstadt.

Vom Fremdenverkehrsamt (neben der Tiefgarage) nur durch eine Einfahrt getrennt ist das erste Besuchsobjekt unseres Stadtrundgangs, das

**Schloß Geyerswörth** [1]. Es wurde 1585 bis 1587 als bischöfliches Stadtschloß vermutlich von dem Nürnberger Erasmus Braun im Stil der Renaissance erbaut. Es ist mittlerweile eines der Bamberger Rathäuser. Der Innenhof mit einem Treppenturm, den eine mächtige welsche Haube ziert, und Arkaden an seiner Nordseite kann jederzeit betreten werden. In den Arkaden ist das Originalwappen der Stadt Bamberg aus der bergseitigen Fassade des Alten Rathauses geborgen,

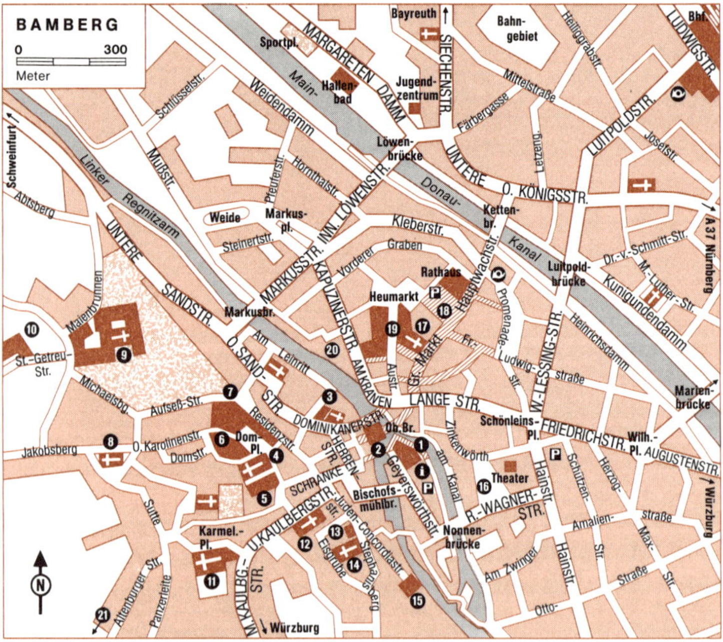

ein sehr verspieltes Werk von Bonaventura Mutschele im Stil des Rokoko. Der Schlüssel für eine Turmbesteigung kann während der Amtsstunden im Rathaus entliehen werden. Die Mühe des Aufstiegs wird reich belohnt; der Blick gehört zum Schönsten, was Bamberg bieten kann.

Unmittelbar vom Tor des Schlosses Geyerswörth aus betritt man den Geyerswörthsteg, der über den Wehren der Unteren Mühlen zur geistlichen Stadt auf der Bamberger Bergseite führt. Von ihm aus hat man den besten Blick auf das

****Alte Rathaus** [2], Bambergs originellsten und wohl auch schönsten Profanbau. Dieses Rathaus, auch Insel- oder Brückenrathaus genannt, wurde im 14./15. Jh. als gotischer Fachwerkbau auf Eichenpfählen errichtet. 1744–1756 wurde der langgestreckte, wie ein Schiff im Fluß ankernde Bau von Michael Küchel genial umgestaltet: Das Alte Rathaus bekam einen barocken Mantel übergeworfen. Die Dekoration des Torturms besorgte Bonaventura Mutschele, die Fresken auf den beiden Längsseiten des Rathauses malte Johann Anwander. Das Alte Rathaus zählt zu den bekanntesten deutschen Architekturbildern. Von seinen beiden Brücken aus hat man wunderschöne Blicke auf die Oberen und Unteren Mühlen, die Fischersiedlung *Klein-Venedig* und die Bergstadt. Auf der Oberen Brücke steht eine kraftvolle Kreuzgruppe von Gollwitzer (1715), ihr gegenüber eine Statue des Brückenheiligen St. Nepomuk. Auf der Unteren Brücke des Rathauses thront eine überlebensgroße Gestalt (Kopie) der Bamberger Bistums- und Stadtpatronin St. Kunigund, Gemahlin des Bistumsgründers Heinrich II., von Peter Benkert (1744/45).

Vom Alten Rathaus aus kann man auf geradem Weg über die Karolinenstraße, vorbei am Meranierbrunnen, an schönen Adelspalästen und der Hofapotheke, zum Dom gelangen. Vorher sollte man einen Blick auf die barocke Darstellung der Himmelfahrt Mariens am Haus der Brudermühle, Schranne 1, werfen.

Wer mehr Zeit hat, sollte einen etwas längeren Weg zum Dom in Kauf nehmen. In diesem Falle wendet man sich hinter dem Meranierbrunnen unterhalb des Alten Rathauses rechts und dann wieder links in die Dominikanerstraße, eine enge, für Bambergs gotischen Raster typische Gasse. Rechts steht hier die ehem. Dominikanerkirche, eine gotische Hallenkirche, in der die Bamberger Symphoniker bis zur Fertigstellung der neuen Konzerthalle spielen. – Neben der Dominikanerkirche trifft man auf das meistbesuchte Gasthaus, die Rauchbier-Brauereigaststätte

**»Schlenkerla«** [3]. Ihren originellen Namen hat sie nach einem früheren Inhaber der Brauerei, der wegen seines ungeschickten Ganges »das Schlenkerla« genannt wurde.

Nach dem Passieren der von den beiden Gaststätten »Schlenkerla« und »Zum alten Ringlein« gebildeten Engstelle öffnet sich nach links der zum Domplatz hin leicht ansteigende Platz Katzenberg; an seinem Ende führt eine steile Stiege hinauf zum *Domplatz,* der sich dem Beschauer urplötzlich öffnet und ihn auf Anhieb überwältigt. Der Domplatz gehört zu den schönsten deutschen Plätzen. Er wird beherrscht vom

****Kaiserdom** [4], einer Stiftung Kaiser Heinrichs. Der erste Dombau wurde 1012 geweiht; er brannte wie sein Nachfolgebau ab. Erst der dritte Dombau vom Weihejahr 1237 blieb erhalten. Sein Bauherr war Bischof Ekbert von Andechs-Meranien. Kaiser Friedrich II. stellte einen Teil der Bausumme zur Verfügung. Die Kathedrale läßt deutlich den Stilwandel von der Romanik zur Gotik spüren: kraftvoll romanisch sind der Ostchor mit einem nahezu vollkommenen Vokabular romanischer Architekturformen und das östliche Türmepaar; bereits gotisch bewegt und mit den Westtürmen deutlich an die Kathedrale von Laon in Nordfrankreich erinnernd zeigen sich die westlichen Teile. Seinen hohen Rang verdankt der Bamberger Dom nicht zuletzt seiner reichen Ausstattung mit Meisterwerken der deutschen Plastik des 13. Jhs. Sie zählt zu den Spitzenleistungen europäischer Kunst.

Die mit Abstand bekannteste Figur ist der ***Bamberger Reiter* (s. S. 8). Von dieser aus der Zeit des Dombaus stammenden Figur weiß man weder, wer sie schuf, noch, wen diese großartig gelungene Statue eines reitenden Königs darstellen soll. Favorisiert von der Kunstgeschichte wird jene Deutung, wonach es sich um den König Stephan von Ungarn handelt.

Weitere Kunstwerke von europäischem Rang befinden sich ganz in der Nähe der Reiterstatue zu beiden Seiten des Ostchors. Beiderseits der südlichen Chorschranke steht das allegorische Paar *Synagoge* und *Ecclesia;* es verkörpert Altes und Neues Testament. Unmittelbar vor den Stufen zum Ostchor steht das *Kaisergrab* mit den sterblichen Überresten des Bistumsgründers Kaiser Heinrich und seiner Frau. Das Kaisergrab, ein sog. Hochgrab aus fränkischem Marmor, ist ein Werk von Riemenschneider (1513). Der Bamberger Dom birgt zwei weitere wichtige Gräber. In der Krypta des Ostchors, die man durch ein Schmuckfenster hinter dem Kaisergrab oder von den Seitenschiffen her einsehen kann, befindet sich das Grab des ersten Stauferkönigs Konrad III. († 1152); auf dem Westchor, von einem Bischofsstuhl verdeckt, liegt das Grab von Papst Clemens II.

Zu den Kunstwerken des Bamberger Doms zählen schließlich noch der barocke Gleskeraltar im Westchor, der Weihnachtsaltar des Nürnberger Bildschnitzers Veit Stoß im südl. Seitenschiff und das beeindruckende Grabmal für Bischof Hohenlohe (14. Jh.), ein Werk des Wolfskehlmeisters.

Eines der wichtigsten plastischen Kunstwerke des Doms ist an der nördlichen Außenwand zu sehen: die Plastik des Fürstenportals. Das spätromanische Meisterwerk zeigt im Tympanon des Portals ein Jüngstes Gericht und im Türgewände die (stark verwitterten) Figuren der Apostel auf den Schultern der Propheten. – Südlich an den Dom grenzt das

**Kapitelhaus** [5], ab 1730 von Balthasar Neumann als monumentales Barockgebäude aufgeführt. Im Kapitelhaus ist jetzt das *Diözesanmuseum* untergebracht. Im Steinsaal werden die **Kaisermäntel* ausgestellt. Außerdem sind in dem besuchenswerten Museum neben Kunst aus der gesamten Diözese und aus allen »Bamberger Jahrhunderten« die aus der *Adamspforte* des Doms genommenen Figuren zu sehen. – Nördlich vom Dom, nur durch die schmale Gasse der Domstraße von ihm getrennt, steht die

****Alte Hofhaltung** [6], die frühere Königs- und Bischofspfalz. Der mehrflügelige Bau stammt aus mindestens drei Bauperioden. An die romanische Gründung zu Zeiten Heinrichs unmittelbar nach der Jahrtausendwende erinnern die überbauten Reste der kaiserlichen Palastkapelle St. Andreas und des ehemaligen *Reichssaales.* Spätgotisch sind die über massiven Steingeschossen aufgeführten Fachwerkflügel mit schönen Laubengängen zum Innenhof. Die sogenannte *Ratsstube* zum Domplatz hin schließlich ist ein Hauptwerk der deutschen Renaissance (Erasmus Braun, 1569). Auf der Attika des Tors lagern die Allegorien der wichtigsten Flüsse des Bistums Bamberg: Main und Regnitz. Im Innenhof der Hofhaltung, den man unbedingt besuchen sollte, werden im Juni/Juli als Freilichtaufführungen die Bamberger *Calderónspiele* gegeben.

Auf der anderen Seite des Domplatzes, also gegenüber der Alten Hofhaltung, befindet sich die

***Neue Residenz** [7], die als Residenz und Wohngebäude der Fürstbischöfe unter dem Schönbornbischof Lothar Franz 1697–1703 von Johann Leonhard Dientzenhofer errichtet wurde. Über eine festliche Stiege gelangt man zu den Wohn- und Repräsentationsräumen, meist noch original möbliert, und dem *Kaisersaal* im zweiten Stock der Residenz. In der Neuen Residenz sind jetzt eine staatliche *Gemäldegalerie* mit Werken altdeutscher Maler und die *Staatsbibliothek* untergebracht. Diese zählt ob ihres reichen Bestandes an Handschriften aus der Gründungszeit Bambergs, darunter die Bamberger Apokalypse, zu den großen europäischen Bibliotheken. Im Gang der Bibliothek werden ständig Ausstellungen gezeigt (kostenloser Besuch ist möglich).

Zumindest im Sommerhalbjahr sollte man unbedingt den ***Rosengarten* der Neuen Residenz besuchen (Zugang durch das Hauptportal, dann im Hof rechts). Zwischen rund 5000 Rosen stehen Putten von Ferdinand Tietz (Kopien) aus dem 18. Jh. und ein (bewirtschafteter) Pavillon. Von der Balustrade des Rosengartens hat man einen schönen Blick auf die Dächer der Stadt. Noch schöner ist der Blick vom Rosengarten hinauf zum ehem. Benediktinerkloster St. Michael. Bevor der Stadtrundgang in Richtung zum Michelsberg fortgesetzt wird, sollte man wenigstens zwei der *Domherrnhöfe* im Dombezirk betrachten. Zugang ist möglich zur Dompropstei, Domgasse 5, mit einem wunderschönen stillen Innenhof, von dem sich die Westtürme des Doms gut betrachten lassen, und dem Elisabethen- oder Meranierhof in der Domgasse 7, in dem 1227 die heilige Elisabeth von Thüringen wohnte.

Bergwärts wird der Dombezirk vom frühklassizistischen *Erzbischöflichen Palais*, im 18. Jh. nach einem Entwurf von Michael Küchel errichtet, und dem *Langheimer Hof* abgeschlossen; letzterer war das Bamberger Stadthaus des einstigen Zisterzienserklosters Langheim bei Lichtenfels. Das ehem. Burgtor am »Torschuster« durchschreitend, gelangt man zu einem Platz auf einem Bergsporn, der von der Kirche

***St. Jakob** [8] beherrscht wird. Die Säulenbasilika stammt aus dem 11./12. Jh. Ihre romanische Raumstimmung blieb erhalten; wie fast alle Bamberger Kirchen wurde sie äußerlich aber barockisiert. Die vorgeblendete Fassade aus dem 18. Jh. zeigt in einer Nische eine große Figur des Apostels Jakob des Jüngeren von Ferdinand Tietz. – Zunächst steil bergab, dann wieder steil bergauf geht es zu einem weiteren Höhepunkt, nach

****St. Michael** [9]. Das ehem. Benediktinerkloster wurde bereits 1015, zu Zeiten Kaiser Heinrichs, gegründet. Von seiner ersten Kirche ist nichts mehr erhalten; die jetzige läßt zwar ihre gotische Herkunft erkennen, darf aber zu den Barockkirchen gezählt werden. Gleich der St. Jakobskirche wurde ihr im 17./18. Jh. von den Brüdern Dientzenhofer eine barocke Fassade gegeben, die über einer schwungvollen Freitreppe aufsteigt. Auch die Ausstattung des Inneren ist hochbarock. Unbedingt sollte man die schöne Kanzel von Gg. Adam Reuß (1751) betrachten. Beeindruckend sind auch die großen Grabmäler von Bamberger Bischöfen. In den Gewölbefeldern »wächst« ein Garten mit rund 800 gemalten Kräutern. Unter dem hochgelegenen Chor befindet sich das Hochgrab von Bambergs drittem Heiligen, Bischof Otto I. († 1139).

Die Klosterkirche ist Teil der vollkommen erhaltenen barocken Klosteranlage samt Wirtschaftsgebäuden, in denen u. a. das *Fränkische Brauereimuseum* untergebracht ist. Der Hauptteil des ehem. Klosters wird jedoch als Bürgerspital (Altenheim) genutzt. Von den bewirtschafteten Terrassen hat man schöne Blicke zum Dom, zum Hafen, ins obere Maintal und – über die Stadt hinweg – zum Jura. Von den Michelsberger Terrassen führt ein neu angelegter Fußweg, der sog. *Benediktinerweg,* durch den ehem. Klostergarten, von dem man einen interessanten Blick auf das unmittelbar darunter liegende ehem. Krankenhaus von 1789 hat (heute Vier-Sterne-Hotel). – Noch höher als der Höhepunkt St. Michael liegt die ehem. Michelsberger Propstei

**St. Getreu** [10], eine im 17./18. Jh. erbaute frühbarocke Kirche (wertvolle spätbarocke Ausstattung). 200 m bergwärts entfernt steht auf einem Hügel die *Villa Remeis* (bewirtschaftet). Von ihrem Garten aus zeigt sich Bamberg von seiner schönsten Seite. – Unser Stadtgang führt nun von St. Getreu wieder zurück bis zur Jakobskirche und von da aus auf neuen Wegen über die Sutte oder die Matern zum

***Karmelitenkloster** [11]. Die im 12. Jh. für die Benediktinerinnen von St. Theodor errichtete Klosteranlage teilt das Schicksal aller Bamberger Kirchen mit Ausnahme des Doms: Sie ist barockisiert. Ihr eigentliches Alter läßt sich jedoch an einem normannischen Zackenportal an der Westseite ablesen. Seit 1589 wirken hier die Karmeliten. Ihr Kloster ist auch heute noch belebt. Sehenswert ist der spätromanische *Kreuzgang* des Klosters. Eine Besichtigung der Anlage ist möglich.

Vom Karmelitenkloster sind es nur ein paar Schritte zum belebten Kaulberg, bis vor kurzem noch die wichtigste Stadteinfahrt vom Westen her. Nach etwa 200 m bergab trifft man rechter Hand auf das gotische Hauptwerk der Stadt, die

****Obere Pfarrkirche** [12]. Ihr Äußeres wird von dem mächtigen, mit gotischem Maßwerk überzogenen und mit einer zweigeschossigen Türmerwohnung ausgestatteten Turm und dem steilen, weit über das Hauptschiff hinausragenden Chor mit Strebewerk bestimmt. Die Grundsteinlegung der Kirche Zu unserer lieben Frau, wie sie korrekt heißt, erfolgte 1323. Am Bau wirkten Angehörige der Prager Baumeisterfamilie der Parler mit. Bauherr war die Bürgerschaft, die sich damit selbst ihr wichtigstes Sakralbauwerk gab. Sehenswert ist die Plastik am *Eheportal* mit den klugen und den törichten Jungfrauen. In einer gotischen Halle an der Südseite befindet sich eine steinerne Ölberggruppe (um 1500). Das Innere der Oberen Pfarrkirche ist barockisiert. Am Hauptaltar steht das Bildwerk der gnadenreichen Madonna (um 1320), das sich noch immer einer großen Verehrung erfreut. An der Stirnwand des südlichen Seitenschiffs hängt eine *Himmelfahrt Mariens* von Tintoretto. Wer die Obere Pfarrkirche um die Weihnachtszeit besucht, sollte die barocke Großkrippe nicht versäumen.

Kaulbergabwärts erreicht man, den barocken *Neuen Ebracher Hof* auf der linken Seite passierend, das Pfahlplätzchen mit gut sanierten Häusern und einem Neubau statt eines romanischen Turms aus der Stadtbefestigung. Im Haus zum Krebs, Pfahlplätzchen 1, wohnte der Philosoph Hegel, als er Redakteur einer Bamberger Zeitung war. Nach rechts öffnet sich die Judenstraße; in ihr an der ehem. Synagoge vorbeigehend erreicht man nach etwa 150 Metern das prächtige

*St. Michael*

****Böttingerhaus** [13], das zu den schönsten Profanbauten gezählt wird, die der Barock hinterlassen hat. Das Böttingerhaus, benannt nach seinem Erbauer, wurde 1707–1713 am Steilabfall des Stephansbergs erbaut. Architekt war Johann Dientzenhofer. Er schuf einen hochbarokken Stadtpalast mit dahinterliegenden Gartenterrassen, von denen man in die einzelnen Geschosse gelangen kann, über einem grottenähnlichen Innenhof. Die Fassade zur Judenstraße ist von unvergleichlicher barocker Formenfülle.

Vom Böttingerhaus aus (oder über die von der Judenstraße vorher nach rechts abzweigende Eisgrube) gelangt man hinauf zur Kirche

**St. Stephan** [14], 1020 von Papst Benedikt VIII. geweiht, später von Giovanni Bonalino und Antonio Petrini barock neuerrichtet und seit dem 19. Jh. Bambergs ev. Hauptkirche. Weil sich über der Stephanskirche »nur« noch die Bamberger Bierkeller befinden, führt der Rundgang wieder zurück zum Böttingerhaus bzw. vom Stephansberg rechts abzweigend zur Concordiastraße. Von ihr gelangt man nach wenigen Schritten zur Oberen Mühlbrücke und den zu Studentenappartements umgebauten Oberen Mühlen.

Vom nahen Mühlwörth am rechten Ufer des linken Regnitzarmes aus hat man einen schönen Blick auf das Wasserschloß

***Concordia** [15]. Das malerisch ans Regnitzufer gebaute und sich im Wasser des Flusses spiegelnde Schloß wurde 1711–1716 wahrscheinlich von Johann Dientzenhofer im Auftrag des bereits genannten Böttinger errichtet (z. Zt. Außenstelle des Geologischen Landesamtes). Flußaufwärts die romantische *Walkspundmühle* und der *Hain,* ein Naturpark im englischen Stil mit Pavillons und zwei Bildwerken, die daran erinnern, daß hier E. T. A. Hoffmann fast täglich spazierenging, wobei er den sprechenden Hund Berganza getroffen haben will. An der Hainspitze im Sommerhalbjahr Bootsverleih.

Vom Mühlwörth aus gelangt man auf der Nonnenbrücke über den alten *König-Ludwig-Kanal* zum

**Schillerplatz** [16]. Hier befindet sich das Bamberger Stadttheater. E. T. A. Hoffmanns Wohnhaus steht dem Theater gegenüber. Ein kleines *Museum* erinnert an das Multitalent, das in Bamberg zum Dichter reifte. An der Nordseite des mit guten Häusern aus dem 18. Jh. ausgestatteten Schillerplatzes steht eine Bronzeplastik Hoffmanns mit Kater Murr. Eine weitere Plastik, die an Hoffmanns Oper *Undine* erinnert, befindet sich an der Südseite des Schillerplatzes. Über die wie ein Bach durch diesen Teil der Innenstadt »torkelnde« Straße Zinkenwörth oder durch das Sanierungsgebiet der Theatergassen kommt man vom Schillerplatz schnell zur *Langen Straße* und der sich von ihr nach rechts öffnenden Fußgängerzone. Sehenswert sind in der Langen Straße das Haus Nr. 3, Wallensteinhaus genannt, und Bambergs barocke Hauptkirche, die Stadtpfarrkirche

**St. Martin** [17] auf dem Grünen Markt. 1686–1693 wurde sie als Jesuiten- und spätere Universitätskirche von Georg und Leonhard Dientzenhofer erbaut. Ihre Fassade gleicht zwei aufeinandergestellten Triumphbögen. Innen sieht man neben barocken Großplastiken von Jesuitenheiligen und einer schönen silbernen Treibarbeit, die den hl. Martin darstellt (im Eingangsbereich), am rechten Seitenaltar die innig empfundene Darstellung einer »Schmerzhaften Muttergottes«.

Schräg gegenüber der Martinskirche plätschert Bambergs bekanntester Brunnen, der *Gabelmann.* Seinen Namen hat er von der mit Dreizack ausgestatteten Brunnenfigur des Meergottes Neptun, geschaffen von Metzner (1698). Der Gabelmannbrunnen ist tagsüber Bambergs beliebtester Jugendtreffpunkt. – Weiter in den *Grünen Markt* hineingehend erreicht man in Richtung Hauptwachstraße auf der barocken Prachtachse der Stadt bald den

**Maxplatz** [18], den größten freien Raum der Stadt, zusammen mit dem Domplatz auf der Bergseite. Hier befindet sich auch der Bamberger Wochenmarkt, der sich durch ein besonders üppiges Angebot auszeichnet. Beherrschendes Gebäude am Maxplatz ist das *Rathaus,* einst von Balthasar Neumann als Priesterseminar errichtet. Seit 1928 dient das Gebäude als Rathaus; hier tagt auch der Stadtrat. Dem Rathaus gegenüber stehen Gebäudeteile des ehem. Katharinenspitals. An die einstige Pfarrkirche von Alt-St. Martin erinnert ein Relief ihres Grundrisses am hinteren (modernen) Brunnen. Der Brunnen an der Vorderseite des Platzes zeigt wichtige Figuren aus Bambergs Geschichte. – Hinter dem Maxplatz hat man über die Fleischstraße Zugang zum

**Universitätsviertel** [19] mit den Gebäuden des ehemaligen *Jesuitenkollegs,* aus dem in mehreren Schritten die Universität hervorgegangen ist. Am Gebäude der ehem. Akademieaula befindet sich ein hervorragend gearbeitetes Renaissanceportal von 1611. Teil des Universitätsviertels ist auch der ehem. *Burgershof* mit dem letzten Turm aus der Stadtbefestigung. Über die Austraße und die Fischgasse kommt man wieder hinunter zum Fluß. Hier steht das frühere Schlachthaus der Stadt, ein Barockbau (heute Teil der Universitätsbibliothek). Auch gegenüber, im ehem. *Hochzeitshaus* der Stadt (Renaissanceportal und inliegende Wendeltreppe), hat sich die Universität breitgemacht. – Als moderne Nachfolger eines früheren barocken Krans stehen am Ufer der Regnitz zwei eiserne Lastenkräne. Sie erinnern daran, daß sich hier der mittelalterliche Hafen der Stadt befand. Bis zum Bau des neuen Hafens weiter flußabwärts im Jahre 1912 war er noch voll in Betrieb. Schon Albrecht Dürer ging einst hier auf seiner Reise in die Niederlande an Bord.

Vom *Kranen* aus bietet sich ein überwältigender Blick über den Fluß und das dort stehende *Dominikanerkloster* hinweg auf die Bergstadt mit Dom und Michelsberg. Auf der gegenüberliegenden Flußseite, am Leinritt – so genannt, weil hier früher die Regnitzkähne von Pferden flußauf gezogen wurden –, kann man gut die skurrile Zeile der Fischerhäuser von

***Klein-Venedig** [20] einsehen. Der gotischspitzen Häuserzeile mit winzigem barockem Einschluß sind Hausgärtchen vorgelagert. Hier ankert auch die aus zwei Fahrgastschiffen bestehende Bamberger Regnitzflotte. Wer eine Schiffahrt mit der »Bamberg« oder der »Christl« unternehmen will, muß am Kranen einsteigen. – Wer von Bamberg noch nicht genug hat, kann zur

***Altenburg** [21] wandern – etwa 45 Minuten – oder auf einer steilen Fahrstraße bis vor das Burgtor mit dem Wagen fahren. Die ehedem bischöfliche Burg gehört jetzt einem Verein, der sich mit Erfolg bemüht, das aus der Gründerzeit Bambergs stammende Gemäuer zu erhalten. Von den Mauerbastionen aus oder noch besser vom 33 m hohen *Bergfried* kann man Stadt und Land bis zum Staffelberg im Norden überschauen.

Städt. Fremdenverkehrsamt, Geyerswörthstr. 3, 8600 Bamberg, 09 51/ 8 73 70.
Nürnberg – München; Lichtenfels – Ludwigstadt – Berlin; Schweinfurt – Würzburg; Hof – Bayreuth.
in alle Richtungen.
Eltmann – Volkach. Hafenrundfahrten, Einstieg am Kranen nahe dem Alten Rathaus.
»Residenzschloß«, Untere Sandstr. 30–32; »Bamberger Hof«, Schönleinsplatz 4; »Romantikhotel Messerschmitt«, Lange Str. 41; »St. Nepomuk«, Ob. Mühlbrücke 9.
»National«, Luitpoldstr. 37; »Brudermühle«, Schranne 1; »Barockhotel am Dom«, Vorderer Bach 4; »Weierich«, Lugbank 5; »Wilde Rose«; Keßlerstr. 7; »Alt-Ringlein«, Dominikanerstr. 7; »Mainfranken«, Berliner Ring; »Altenburgblick«, Panzerleite 59, »Arcade«, Theatergassen.
»Wolfsschlucht«, Oberer Leinritt 70 im Ortsteil Bug; »Stadion«, Pödeldorfer Str. 178.
»Insel« im Stadtteil Bug. – , .
*Veranstaltungen:* Weinfest im Innenhof des Rathauses Geyerswörth, letztes Juni-Wochenende; Bamberger Biertage, Maxplatz, letzte zwei Juli-Wochenenden; Altstadtfest der Universität, erstes Juli-Wochenende; Sandkirchweih am letzten Augustwochenende (Do–Mo) mit Italienischer Nacht auf der Regnitz vor Klein-Venedig; Krippenweg mit Sonderausstellungen Dez./Jan. Öffentliche Orgelkonzerte im Dom Mai bis Okt. jeweils 12–12.30 Uhr im Kaiserdom; Calderónspiele, Innenhof der Alten Hofhaltung im Juli.

*Ausflüge und Museen*
Gern besucht wird von Bamberg aus *Schloß Weißenstein* bei Pommersfelden, rund 25 km ab Stadtmitte. Das Schloß zählt zu den Hauptwerken des fränkischen Barock. Sein Treppenhaus ist dem der Würzburger Residenz mindestens ebenbürtig. Das Schloß beherbergt eine Gemäldegalerie von hohem Rang. »Schloßgaststätte«. – Von Pommersfelden aus empfiehlt es sich, über *Schlüsselfeld,* ein ehemaliges Bamberger Amtsstädtchen mit gut erhaltenem Ortsbild und leistungsfähigen Hotel-Gasthöfen, nach Ebrach weiterzufahren. Die »Klosterstadt« des ehem. Zisterzienserklosters ist seit langem eine Jugendstrafanstalt, doch kann der Abtsbau mit der berühmten Treppe besichtigt werden. Die Klosterkirche gilt als ein Hauptwerk der deutschen Frühgotik, ihr Inneres ist allerdings umgestaltet. »Klosterbräu«. – Auf dem Rückweg nach Bamberg fährt man in *Burgwindheim* an einem ehem. Amtsschloß des Klosters Ebrach vorbei (in Ortsmitte rechts).

Für Schlechtwettertage empfehlen sich die *Bamberger Museen.* Die wichtigsten wurden bereits genannt: das Diözesanmuseum am Dom, das Historische Museum in der Alten Hofhaltung am Domplatz und, diesem gegenüberliegend, die Schauräume und Sammlungen der Neuen Residenz. »Unten« in der bürgerlichen Stadt laden ein: das *Naturkundliche Museum* in der Fleischstraße (früher Naturalienkabinett), das *Karl-May-Museum,* Hainstr. 11, und das *Gärtner- und Häckermuseum* in der Mittelstraße nahe dem Bahnhof. Das letztere informiert über zwei der ältesten Bamberger Berufe, die des Gärtners (Gemüse- und Kräuteranbau) und des Häckers (Winzer).

# **Bayreuth

Bayreuth (345 m, 72 000 Einw.) liegt zwischen Fichtelgebirge (im Osten) und Frankenalb (im Westen) am Roten Main, einem der beiden Quellflüsse des wichtigsten oberfränkischen Flusses. Es ist oberfränkischer Regierungssitz und zugleich die größte Stadt des Bezirks. In Bayreuth sind zahlreiche zentrale Einrichtungen seßhaft, so die Industrie- und Handelskammer für Oberfranken (mit Ausnahme von Coburg) und die Handwerkskammer, beide mit bedeutsamen Bildungseinrichtungen.

Einen neuen Rang hat Bayreuth durch die 1975 erfolgte Gründung seiner Universität erhalten (1991 über 7000 Studenten). Und natürlich ist Bayreuth auch Festspielstadt; die alljährlichen Richard-Wagner-Festspiele sind das Ziel Zehntausender von Enthusiasten aus aller Welt. Bayreuth ist aber auch die Stadt Jean Pauls und der Markgräfin Wilhelmine, Lieblingsschwester Friedrichs des Großen. Sie formte die bis dahin recht strenge Stadt zu einer heiteren Residenz im Stil eines eigenen, eben des Bayreuther Rokoko.

Mit seiner neuen Oberfrankenhalle, seiner Stadthalle und seinem Sportzentrum kann Bayreuth auch größte Veranstaltungen durchführen; seine Infrastruktur läßt kaum Wünsche offen. Bayreuth liegt unmittelbar an der Autobahn München – Nürnberg – Berlin. Eine weitere Autobahnverbindung, v. a. nach Kulmbach und Bamberg und weiter in den Westen, besteht durch die neue A 70. Gut ausgebaute Straßen führen ins nahe Fichtelgebirge und weiter in die ČSFR sowie in die Fränkische Schweiz. Bayreuth liegt an der Bahnstrecke Nürnberg – Hof – Dresden. Eine weitere Bahnverbindung besteht nach Bamberg, von dort nach Schweinfurt und Würzburg.

## GESCHICHTE

Bayreuth wird als Baierrute erstmals 1194 erwähnt; der Name läßt auf bairische Siedler schließen. Der Kern der Siedlung lag vermutlich dort, wo sich jetzt die ev. Stadtpfarrkirche befindet. 1248 fiel Bayreuth an die Burggrafen von Nürnberg und damit an die Hohenzollern. Der wegen seiner Händel berüchtigte Markgraf Albrecht Alcibiades verlegte 1542 seine Kanzlei von Kulmbach nach Bayreuth. Anfang des 17. Jhs. folgte die Hofhaltung nach und bezog das alte Bayreuther Schloß. Bayreuth war von nun an Mittelpunkt eines Kleinstaats, der Markgrafschaft Bayreuth-Kulmbach. Der Residenzcharakter der Stadt wurde vor allem unter Markgraf Christian Ernst (1661–1712) und mehr noch durch die Markgräfin Wilhelmine († 1758) ausgebaut. 1791 wurde Bayreuth (zusammen mit der Markgrafschaft Ansbach) preußisch. 1810 schließlich fiel es an Bayern. Im 19. Jh. waren es vor allem Jean Paul und Richard Wagner, die Bayreuth in aller Welt bekannt machten.

Im Zweiten Weltkrieg wurde die Stadt Opfer mehrerer Luftangriffe. Ein Drittel ihrer Bausubstanz wurde zerstört. Diese Wunden verheilten zwar wieder, doch sind die Narben immer noch sichtbar. Am raschen Wiederaufbau hat vor allem die Bayreuther Industrie (Schwerpunkte: Textil/Bekleidung, Elektro/Maschinenbau, Porzellan/Glas) hohen Anteil.

## SEHENSWÜRDIGKEITEN

In Bayreuths Stadtmitte »leben« bürgerliche und höfische Baukultur einträchtig nebeneinander. Von besonderem städtebaulichem Reiz ist der große, langgestreckte Raum der Maximilianstraße mit seinen drei schönen Brunnen, eindrucksvollen Patrizierhäusern und stimmungsvollen Altstadtgassen, die in ihn münden und von ihm abzweigen. Hier zu bummeln ist ein Vergnügen, zumal da auch die Glanzpunkte des Bayreuther Stadtbilds, und das sind natürlich die Beispiele höfischen Bauens, sehr dicht beieinander liegen. Wir beginnen bei einem der Höhepunkte, dem

****Markgräflichen Opernhaus** [1] nahe dem neuen Rathaus in der Stadtmitte. Es entfaltet – außen zwischen bescheidenen Bürgerhäusern eingezwängt – seine barocke Pracht fast ausschließlich nach innen. Das Opernhaus wurde 1745–1748 als Hoftheater von dem französischen Architekten Joseph Saint-Pierre erbaut.

Die über alle Vorstellungen reiche Innenausstattung schufen Giuseppe und Carlo Galli-Bibiena, zwei führende Theaterdekorateure des späten europäischen Barocks. Der Vergleich mit »gebauter Musik« ist nicht abwegig. Das Markgräfliche Opernhaus zählt, zumal da es sich in einem hervorragenden Erhaltungszustand befindet, zu den kostbarsten Denkmälern des Theater-Barock im Ancien régime. Das Haus wurde zur Hochzeit von Markgräfin Wilhelmines Tochter Elisabeth Friederike Sophie eingeweiht; als Bauherrin kann man Wilhelmine betrachten. Bühnenhaus und Zuschauerraum mit den drei Logenrängen für die Hofgesellschaft beanspruchen je die Hälfte des Raumvolumens. Bühne und Zuschauerraum sind nicht durch einen Orchestergraben getrennt, sondern eher durch eine ansteigende Balustrade miteinander verbunden, was zugleich dem Zeitgeist jener höfischen Epoche entsprach, wonach (auch) das Leben Theater war. Alljährlich im Mai gastiert im Markgräflichen Opernhaus die *Fränkische Festwoche* mit Aufführungen des Bayerischen Staatsschauspiels und der Bayerischen Staatsoper aus München.

Vom Opernhaus sind es nur wenige Schritte zum

**Alten Schloß** [2]. Der breit gelagerte Komplex, hervorgegangen aus dem meranischen Burgsitz, wurde in der zweiten Hälfte des 16. Jhs. aufgeführt und rund 100 Jahre später von Dieussart umgestaltet. Teil des Schlosses und zugleich zusammen mit dem Festspielhaus und der Eremitage ein Wahrzeichen der Stadt ist der achteckige Turm (1610). In ihm konnte der Markgraf auf einer sogenannten Reuthschnecke bis zur Plattform hinaufreiten. Am Alten Schloß, von der Straße her einsichtbar, ist schließlich als eine weitere Eigenart eine lange Reihe von Porträtmedaillons angebracht, insgesamt 60: ein Bilderbuch der Physiognomie. Die meisten dieser Halbgesichter stammen von dem Regensburger Meister Elias Räntz. Die ehem. *Schloßkirche,* 1758 von Saint-Pierre barock gestaltet, ist jetzt die kath. Pfarrkirche Bayreuths. Sie ist mit Stukkaturen von Pedrozzi ausgestattet und ein insgesamt sehr gelungenes Werk von einer fast heiter zu nennenden Raumstimmung. – Gegenüber dem Alten Schloß, an der anderen Seite der Maximilianstraße, befindet sich das

**Alte Rathaus** [3], ein Bau aus dem 17. Jh. Ganz in seiner Nähe trifft man auf die *Mohrenapotheke,* ein sehr schönes bürgerliches Haus mit einem gut gestalteten Renaissance-Erker (1610). Der von drei Brunnen wohlgegliederte Raum der Maximilianstraße (inzwischen Fußgängerzone) wird von der barocken *Spitalkirche* (1750) abgeschlossen. – Im »Rücken« der Maximilianstraße steht die

**Stadtkirche** [4], als Hauptkirche des ev. Kirchenkreises Bayreuth das Pendant zum Bamberger Kaiserdom. Die Bayreuther Stadtkirche zählt

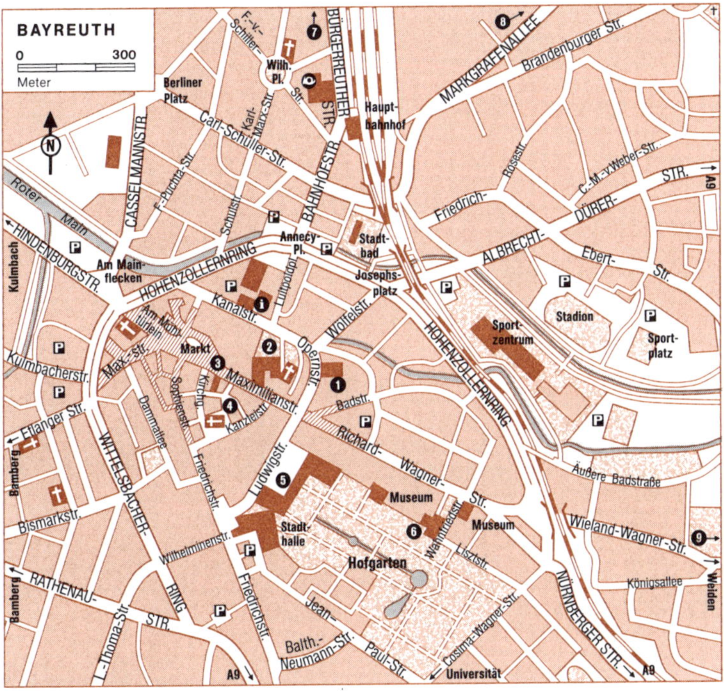

*Sonnentempel der Eremitage*

zu den ansehnlichsten gotischen Kirchen im nördlichen Franken. Ihr Gründungsbau stammt aus dem 13. Jh. Zwischen 1439 und 1470 wurde das gotische Langhaus errichtet, 1668 wurden die beiden das Stadtbild überragenden Türme aufgeführt und durch eine steinerne Balustrade miteinander verbunden. Von der ursprünglichen Ausstattung der Pfarrkirche blieb nur ein Renaissance-Altar von Hans Werner (1615) erhalten. Durch die Friedrichstraße, die barocke Hauptachse der Innenstadt, vorbei am Wohn- und Sterbehaus Jean Pauls (Nr. 5) und einem Denkmal des Dichters, vorbei auch an der *Stadthalle,* deren Kern die markgräfliche Reithalle war, gelangt man zu einem weiteren Prachtbau, dem

**Neuen Schloß** [5]. Der breite Bau an der Ludwigstraße wurde 1753–64 von Joseph St.-Pierre nach einem Brand des Alten Schlosses errichtet. In ihm klingt schon der Übergang vom Barock zum Klassizismus an. Vor dem Schloß verdient ein wuchtiger Barockbrunnen, der Markgrafenbrunnen von Elias Räntz, Aufmerksamkeit. Hinter dem Schloß erstreckt sich der *Hofgarten.* Durch eine Seitenallee gelangt man zur

**Villa Wahnfried** [6], für Wagner-Anhänger eine Art Pilgerstätte. Hier hat Bayreuths berühmtester Bürger, Richard Wagner, einen Teil seines Lebens verbracht; im Garten der Villa Wahnfried ist er neben seiner Frau Cosima begraben. Im Haus ist das täglich geöffnete Richard-Wagner-Museum untergebracht. (Weitere interessante Museen befinden sich ganz in der Nähe: das *Jean-Paul-Museum* im Hause Wahnfriedstraße 1 und das *Deutsche Freimaurermuseum,* Im Hofgarten 1.) – Außerhalb der Innenstadt, sehr dekorativ auf dem Grünen Hügel gelegen und über die Luitpold- und Bahnhofstraße vom Stadtkern aus erreichbar, befindet sich das

**Festspielhaus** [7]. Es wurde 1872–1876 nach Plänen Richard Wagners als ein gegen das Markgräfliche Opernhaus außen eher schlicht wirkendes Musiktheater erbaut. Gerühmt werden seine Akustik und die gute Sicht von den fast 2000 Plätzen auf die riesige Bühne. Außer im Nov. finden Di–So 10, 11.30, 13.30 und 15 Uhr Führungen statt (nicht an Probetagen). – Unweit des Festspielhauses befindet sich das Schloß

**St. Georgen** [8], 1725 von Johann David Räntz in kraftvollem Barock erbaut, jetzt Teil einer Strafanstalt. Unweit die 1702 begründete Hugenottenstadt, in deren streng gegliederten Straßenzeilen Markgraf Christian Ernst die von ihm aufgenommenen französischen Religionsflüchtlinge ansiedelte. – Letzter Höhepunkt des Rundgangs ist die

**Eremitage** [9], östlich der Stadt auf einer vom Main umflossenen Anhöhe gelegen. Spiegelbildlich zur Innenstadt trifft man hier auf zwei Schlösser: das alte Schloß, von Johann David Räntz 1715–1718 errichtet, und das neue Schloß von Joseph Saint-Pierre, dem Hauptarchitekten des höfischen Bayreuth, entstanden 1749 –1753. Attraktivster Bauteil ist der *Sonnentempel* mit dem goldenen Sonnenwagen auf dem Kuppeldach – ein Märchen aus glitzernden Steinen, funkelnden, sprühenden Wasserfontänen, barocker Gartenarchitektur, gebauten Ruinen, einem römischen Freilichttheater. Der Geist der Markgräfin Wilhelmine ist hier lebendig.

ⓘ Fremdenverkehrsverein Bayreuth u. U., Luitpoldplatz 8, 8580 Bayreuth, ☎ 09 21/ 8 85 88.
✈ nach Frankfurt/Main.
nach Nürnberg – Berlin und Kulmbach – Bamberg – Würzburg.
nach allen Richtungen.
»Bayerischer Hof«; »Königshof«.
»Schloßhotel Thiergarten«; »Cuvée«; »Hotel am Hofgarten«; »Goldener Anker«; »Goldener Hirsch«; »Kolpinghaus«; »Waldhotel Stein«.
, . – Golf, Flugsport, Reiten, Rudern, Tennis, Kunsteishalle, Stadion.
*Veranstaltungen:* Frühlingsfest (Mai), Volksfest (Pfingsten), Eremitage-Sommernachtsfest (Aug.)

*Ausflug*
Wer dem Geist der Markgräfin Wilhelmine auch außerhalb der Stadt nachspüren will, der muß nach *Sanspareil,* 30 km westlich von Bayreuth, wo sich die theaternärrische Markgräfin ein Ruinentheater im Felsengarten samt einem grottenähnlichen Sommerschlößchen bauen ließ. Das Kontrastprogramm zu dieser heiteren Rokokowelt liefert die *Burg Zwernitz* gleich nebenan.

Coburg (300 m, 43 500 Einw.), kreisfreie Stadt im Nordwesten des Bezirks Oberfranken, war bis 1918 Hauptstadt des Herzogtums Sachsen-Coburg-Gotha, das erst 1920, nach einer Volksabstimmung, zu Bayern kam. In der Stadt ist eine leistungsstarke Industrie ansässig (Schwerpunkte: Maschinenbau, Autozubehör, Polstermöbelfabrikation, Verbrauchsgüter, Keramik, Spielwaren). Obwohl die Stadt während der Zeit der deutschen Teilung unmittelbar an der innerdeutschen Grenze lag, konnte sich der Wirtschaftsraum Coburg im Gegensatz zu anderen oberfränkischen Grenzräumen auffallend gut behaupten. Seit der Wiedervereinigung hat Coburg seine Mittellage zurückerhalten. Es ist jetzt durch seine nicht vollends abgerissenen Verbindungen eine tragfähige Brücke hinüber ins Thüringische, vor allem ins nahe Eisleben, nach Hildburghausen und ins gesamte ehem. Hennebergerland.

Bedeutend ist Coburgs Rolle als kulturelles Zentrum im oberfränkischen Nordwesten. Als Kulturträger ersten Ranges gilt das Landestheater. Stark ausgeprägt ist der Fremdenverkehr. Er profitiert von einem sehr malerischen, auch im letzten Krieg intakt gebliebenen Stadtbild, in dem sich vor allem der ehemalige Residenzcharakter der Stadt spiegelt. An die großen Verkehrswege ist Coburg zur Zeit nur ungenügend angebunden. Erst die Fertigstellung des Frankenschnellwegs (A 73) und der Maintalautobahn (A 70) wird seine Verkehrslage bessern. Derzeit »hängt« Coburg nur an der Bundesstraße 4 (von Bamberg her) und an der B 303. Coburg ist mit der Bahn nur von Lichtenfels her erreichbar, das an der Hauptstrecke Nürnberg – Bamberg – Ludwigsstadt und weiter nach Berlin liegt.

## GESCHICHTE

Coburg wird erstmals 1056 in einer Schenkungsurkunde der Polenkönigin Richeza, einer Enkelin Kaiser Ottos II., urkundlich erwähnt. Es hat sich vermutlich aus einem karolingischen Königsgut heraus entwickelt. Die Stadt und ihr Umland gehörten vom 12. Jh. an zum Besitz der Grafen von Andechs-Meranien und deren Territorium am Obermain. 1248 fiel Coburg an die Grafen von Henneberg. Die wichtigste Zäsur in der Stadtgeschichte erfolgte 1353, als die Veste Coburg und die sog. Neue Herrschaft im Erbgang an den Markgrafen von Meißen aus dem Hause Wettin kamen – und bis 1918, also länger als 500 Jahre, auch blieben. So klein das Herzogtum Coburg war, so bedeutend waren seine internationalen Beziehungen. Vor allem im 19. Jh. bestanden Verflechtungen des Coburger Herzogshauses in alle Himmelsrichtungen; die wichtigste war jene, die Prinz Albert durch seine Heirat mit Königin Viktoria von England herstellte. In zwei wichtigen historischen Prozessen konnte Coburg eine Hauptrolle spielen. Der erste war die Reformation. 1530 fand der geächtete Martin Luther während des Augsburger Reichstages Zuflucht auf der Coburger Veste. Von hier aus erfolgte die Übergabe der Confessio Augustana an Kaiser Karl V. Nicht minder bedeutsam war Coburgs Anteil an der nationalen deutschen Einigung im 19. Jh. Unter seinem liberal gesinnten Herzog Ernst II. (1844–1893) war es ein Sammelbecken nationaler Bestrebungen. In Coburg wurde der Deutsche Nationalverein gegründet, organisierte sich die deutsche Sängerbewegung zum Deutschen Sängerbund und stand die Wiege des Deutschen Turnerbundes (1860–1862). – Wahrzeichen der Stadt ist die 464 m hoch gelegene Veste, eine der größten deutschen Burganlagen, genannt die »Krone Frankens«. In seinem Stadtwappen führt Coburg einen Mohrenkopf als Symbol des hl. Mauritius, nach der Sage Anführer einer römischen Legion, der den Befehl, an Christenverfolgungen teilzunehmen, verweigerte und den Märtyrertod starb. Coburgs Hauptkirche St. Moriz ist nach ihm benannt, und die Coburger nennt man deshalb Mohrenköpfe.

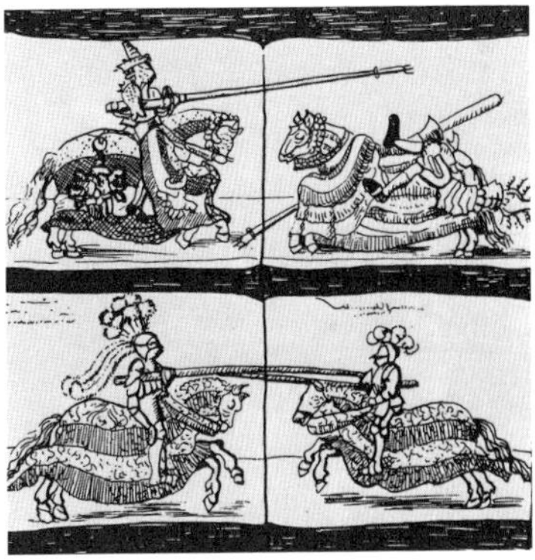

*Seite aus einem Turnierbuch (1521–34) in den Sammlungen der Veste Coburg*

## SEHENSWÜRDIGKEITEN

Coburgs Stadtbild ist unverwechselbar. An ihm läßt sich ablesen, was Coburg war und ist. Unter den Baustilen hat die Renaissance die deutlichsten Spuren hinterlassen, wie ein Stadtrundgang beweist. Coburgs bürgerliches Zentrum ist der

**Marktplatz** [1]. In seiner Mitte steht ein Bronzedenkmal für Prinz Albert (1819–1861), das seine Frau, die britische Königin, der Stadt schenkte. Auf dem Platz riecht es fast immer verlockend nach Bratwürsten (s. S. 10). Er ist das große Wohnzimmer der Bürgerschaft. Zwei wichtige Gebäude geben ihm die Fasson. Zunächst das

**Rathaus** [2], 1578–1580 vom Überlinger Baumeister Hans Schladter errichtet. An seiner Südostecke befindet sich einer der für das Stadtbild typischen »Coburger Erker« – das sind doppelgeschossige Schmuckerker auf einer Stützsäule, davor Figuren des Stadtpatrons St. Mauritius und des Rathauserbauers; beachtenswert sind das Quaderportal und ein Renaissance-Treppenturm im Hof. – Gegenüber dem Rathaus steht die

**Cantzley** (Stadthaus) [3], jetzt Amtsgericht, 1597 nach Plänen von Paul Sengelaub erbaut. Zwei Coburger Erker geben ihr das unverwechselbare Aussehen. Die Dachmasse der Cantzley wird von drei wuchtigen Zwerchhäusern reizvoll gestaltet. An der Ostseite des Marktplatzes findet man einen gotischen Steinbau, die sehenswerte Hofapotheke (weitere schöne Bürgerhäuser: Neugasse 1, Herrengasse 4/17, Judengasse 5).

Bedeutendstes kirchliches Bauwerk ist die

**Hauptkirche St. Moriz** [4], auf Vorgängerbauten im 15./16. Jh. im Stil der Spätgotik errichtet und mit einem ungleichen Turmpaar ausgestattet. Der Kirchenraum unter dem schweren Satteldach und einem ungewöhnlich langen Chor mit Strebewerk wurde völlig umgestaltet. Im Langhaus wurde eine Flachdecke eingezogen, im Chor hingegen blieb das Kreuzrippengewölbe sichtbar. In der St.-Moriz-Kirche hat mehrmals Luther gepredigt. – In unmittelbarer Nachbarschaft zu St. Moriz befindet sich das

**Casimirianum** [5], das älteste Gymnasium der Stadt, von seinem Namensgeber, dem Herzog Kasimir, 1601–1604 erbaut. Baumeister war ebenfalls Paul Sengelaub. Das hohe Satteldach des Renaissancegebäudes ist durch eine Sechserreihe von Zwerchhäusern gegliedert. An der NO-Ecke befindet sich eine Statue des Bauherrn, ein Werk von Veit Dümpel (1628). – Als eines der ältesten Fachwerkgebäude Deutschlands gilt das

**Münzmeisterhaus** [6], Ketschengasse 7 (frühes 15. Jh.), früher Stammsitz einer Patrizierfamilie, die das Münzrecht besaß. Es zeigt über einem massiven Erdgeschoß aus Steinen zwei vorkragende Fachwerkgeschosse, deren Wände durch das einfache Gerüst der Ständer und Streben charakterisiert sind. – Coburgs höfische Geschichte hat ihren baulichen Höhepunkt in

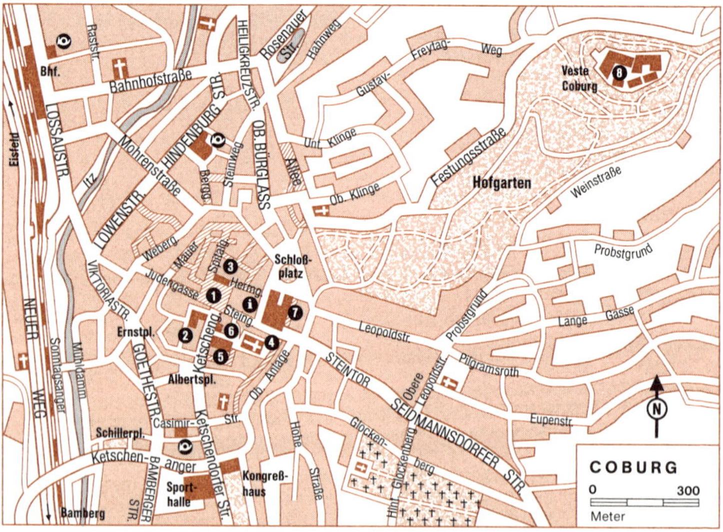

**Schloß Ehrenburg** [7], der herzoglichen Residenz (1547–1918). Die Ehrenburg wurde an der Stelle eines ehem. Franziskanerklosters ab 1543 aufgeführt und mehrfach umgestaltet, zuletzt unter Mitwirkung Schinkels. Von daher hat sie ihre repräsentative Seite im englisch-neugotischen Stil zum Schloßplatz. Schöne Details sind das Portal und zweigeschossige Zwerchgiebel, sehenswert auch die Innenhöfe und die Ausstattung des Schlosses, deren repräsentativste Räume Thronsaal und Riesensaal sind. Gegenüber der Ehrenburg, zusammen mit den Arkaden den repräsentativen Schloßplatz eingrenzend, liegt das von Herzog Ernst erbaute Hof- und jetzige *Landestheater.* – Coburgs Wahrzeichen, die

***Veste Coburg** [8], ist sowohl mit dem Fahrzeug auf einer z. T. recht steilen Bergstraße als auch zu Fuß auf einem sehr angenehmen Weg durch den Hofgarten und die über ihm liegenden Hanganlagen zu erreichen. Die Veste hat eine dreifache Ringmauer, zwei weite Höfe und vier Basteien. Ihre Anfänge wurden im 12./13. Jh. gelegt. Man betritt sie durch ein repräsentatives barockes Burgtor. Im Osthof befindet sich der noble Fürstenbau mit seinen Fachwerkgeschossen, die Steinerne Kemenate mit dem Bankettsaal und den Lutherzimmern sowie der neue Gästebau. Das sogenannte Hohe Haus hat fein gearbeitete spätgotische Erkerchen. Sehenswert ist ein überdeckter Ziehbrunnen, eine der frühesten Brunnenanlagen der deutschen Renaissance. Die Gebäude des Westhofes bergen nun die bedeutenden kunst- und kulturgeschichtlichen Sammlungen der Veste (Kupferstichkabinett, Waffen, wunderschönes Glas, Keramik, ferner historische Fahrzeuge wie Wagen und Schlitten). Die Veste Coburg ist eine der umfangreichsten deutschen Burganlagen. Von der Burg aus hat man übrigens einen schönen Ausblick ins Tal der Itz und nach Norden und Osten in den Thüringer Wald und Frankenwald. – Das Sommerschloß der Herzöge von Coburg, die *Rosenau,* liegt außerhalb der Stadt im Nordosten. Hier handelt es sich um ein Gebäude der frühen Romantik (1809– 1817) über älteren Mauerresten in einem großzügigen englischen Park.

Am Fuße des Burgbergs steht das sehenswerte *Naturmuseum.*

Mittelpunkt der Tagungs- und Kongreßstadt Coburg ist das *Kongreßhaus* am Rosengarten mit einem großen, annähernd 1000 Personen fassenden Festsaal und Tagungsräumen.

ⓘ Tourist-Inf. Stadt und Land Coburg, Herrengasse 4, 8630 Coburg, ☎ 09561/ 7418-0.

*Bankettsaal in der Veste*

nach Lichtenfels und Rodach. – .
»Coburger Tor«, Ketschendorfer Str. 22; »Haus Blankenburg«, Rosenauer Str. 30; »Goldene Traube«, Am Victoriabrunnen 2; »Stadt Coburg«, Lossaustr. 12.
»Löhner« in Scheuerfeld; »Münchner Hofbräu«, Kleine Johannisgasse 8; »Gerberhof«, Gerbergasse 1, und weitere Gasthöfe.
in Schloß Ketschendorf.
, . – Badesee, Flugsport, Reiten, Tennis.
*Veranstaltungen:* Frühlingsfest (Anger; April); Pfingstkongreß (Marktplatz); Burgfest (Juni/ Juli); Schützenfest (Juni/Juli), Schloßplatzfest (Juli).

*Ausflüge*
Eine kleine Kostbarkeit liegt ganz in der Nähe, 5 km von Coburg auf der B 303 in westlicher Richtung entfernt: das *Gerätemuseum* des Coburger Landes in Ahorn. In den barocken Gebäuden einer ehem. Gutsschäferei, einem harmonischen Ensemble, ist eine Dauerausstellung zum Thema »Ackern und Ernten« untergebracht. Nach dem Rundgang lädt die Wirtsstube in der Wohnstube des Schäfers zur Rast. Pfingsten wird im Museum ein Handwerkermarkt abgehalten, im Sept. findet alljährlich das Museumsfest mit landwirtschaftlichen Vorführungen statt. – Fährt man von Ahorn – hier steht auch ein schönes Schloß – auf der B 303 weiter, ist man nach 5 km beim Erholungszentrum *Wildpark Schloß Tambach* (Privatbesitz). Zwei Rundwege führen durch den Wildpark mit rund 200 Wildtieren (25 verschiedene Arten), zahlreichen Kleintieren und Wildvögeln. – Für den Rückweg bietet sich die Fahrt über das heute noch von einem Mauerring umgebene Städtchen *Seßlach* an.

# Hof

Hof a. d. Saale (495 m, 53 000 Einw.) liegt im Nordosten Oberfrankens. Seine Lage an der Saale und dem Flüßchen Regnitz, eingebettet in die Ausläufer des Frankenwaldes und des Fichtelgebirges, ist reizvoll und gibt der Stadt eine bewegte Topographie. Beim Gang durch die Innenstadt muß man gehörige Steigungen bewältigen.

Hof liegt an einer der wichtigsten Nord-Süd-Autobahnverbindungen, der Autobahn München – Berlin. Es ist ferner auf den Bundesstraßen 215 und 173 zu erreichen. Die wichtigste Bahnverbindung ist jene von Nürnberg her über Bayreuth und weiter nach Plauen sowie Dresden. Zugverbindung besteht außerdem über die sog. Schiefe Ebene in Richtung Südwesten nach Bamberg und weiter nach Würzburg.

Hof ist eine Industriestadt. Seine Industriedichte liegt über der vieler Ruhrgebietsstädte. Wichtigster Wirtschaftsfaktor ist die Textilindustrie. Die in der sog. Hofer Gruppe zusammengefaßten Spinnereien und Webereien haben Weltruf. Zweitwichtigster Wirtschaftszweig ist das Brauereiwesen mit sechs leistungsfähigen Unternehmen. – Zu Unrecht als »bayerisches Sibirien« verrufen, hat Hof hohen Freizeitwert, ausgeprägt urbanen Charakter und ein Kulturleben, das sich mit dem mancher Großstadt messen kann. Obwohl dem Stadtbild Bauwerke von außerordentlichem Rang abgehen, ist überall städtebauliche Ordnung sichtbar. Das Bauschaffen des 19. Jhs. hat Straßenzüge geformt, denen ein verhaltener Charme nicht abgesprochen werden kann. Die Freiheitshalle ist einer der größten Veranstaltungsorte Oberfrankens. – Die extreme Grenzlage, in die Hof nach dem Zweiten Weltkrieg geraten war, ist seit 1990 weitgehend abgebaut. Durch seine Partnerschaft mit der vogtländischen Stadt Plauen gibt Hof zu erkennen, daß es sich als eine Brücke »hinüber« ins südliche Sachsen versteht, mit dessen Industrieregion es eigentlich immer verbunden war.

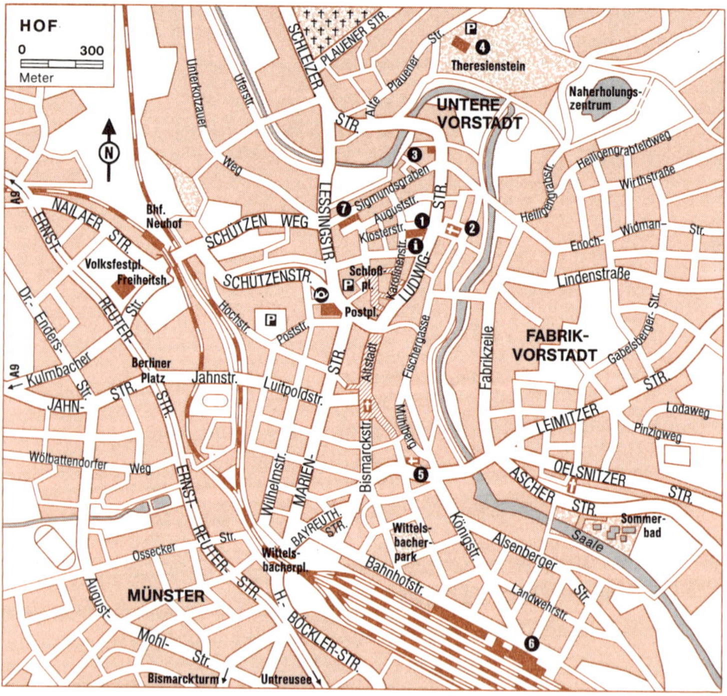

## GESCHICHTE

Für fränkische Verhältnisse ist Hof eine junge Stadt. Ihre Gründung geht auf einen fränkischen Hof, die »curia Rekkenize« zurück, 1135 und 1160 erstmals erwähnt. Unter der Herrschaft der Andechs-Meranier, die im 12./13. Jh. am Obermain ein ausgedehntes Territorium errichten, entwickelt sich die Siedlung zum Markt und zur Stadt. 1230 wird bereits von einer alten und einer neuen Stadt »zum Hofe« berichtet. Nach dem Erlöschen des Hauses Andechs-Meranien gelangen Hof und sein Umland an die Vögte von Weida, weshalb der Raum Hof heute noch das bayerische Vogtland genannt wird. Von einem der Vögte von Weida, Heinrich dem Jüngeren, erhielt Hof 1319 Stadtrecht. Daß sich die Geschichte der Stadt schließlich nach Süden hin orientierte, ist einem weiteren Wechsel der Hofer Herrschaft zu danken: 1372 erwerben die Burggrafen von Nürnberg aus dem Hause der Zollern von den Weida-Vögten Hof und sein Hinterland, das nun Teil der Markgrafschaft Kulmbach-Bayreuth wird und in deren Verband rund 400 Jahre lang verbleibt. 1430 brandschatzen die Hussiten die Stadt; 1524, also sehr früh, hält die Reformation Einzug. Große Drangsal erlebt Hof im sogenannten Markgräflerkrieg und im Dreißigjährigen Krieg. Zu alledem fällt die Stadt mehrmals schrecklichen Bränden zum Opfer, der letzte große erst 1823. Zusammen mit Bayreuth und seiner Markgrafschaft wird Hof 1810 bayerisch, damit auch oberfränkisch. Sein wirtschaftlicher Aufschwung setzt mit Macht etwa zur Mitte des 19. Jhs. ein, als sich zeitgleich mit dem Anschluß an das Eisenbahnnetz Hof zu einer frühindustrialisierten Mittelstadt entwickelt. 1853 wird die erste mechanische Baumwollspinnerei eröffnet. Nach dem Zweiten Weltkrieg leidet Hof sehr unter seiner extremen Randlage. Seine Nähe zur ČSFR-Grenze wird heute jedoch eher als Chance denn als Nachteil empfunden.

## SEHENSWÜRDIGKEITEN

Hofs Geschichte läßt sich nicht mehr so ohne weiteres aus dem Stadtbild ablesen. Zu vieles wurde genommen und vernichtet. Dafür ist die Hofer Innenstadt von Stilen geprägt, die sonst in Franken seltener anzutreffen sind: vom Klassizismus, vom Biedermeier und dem Stil der Jahrhundertwende. Daß auch ein Stadtbild mit solcher Substanz durchaus seine Reize hat, beweist ein Gang durch die Hofer Innenstadt. Wegen des ständigen Bergauf und Bergab kann man sich wie in San Francisco vorkommen – nur die Straßenbahn fehlt. – Hofs markantestes Gebäude ist das

**Rathaus** [1], 1563–1566 von Nickel Hofmann aus Halle im Stil der Renaissance errichtet. Der gleiche Baumeister schuf auch das schöne Rathaus der Stadt Schweinfurt. Wie fast alle historischen Gebäude der Innenstadt hat auch das Hofer Rathaus unter etlichen Bränden stark gelitten. Es vereint nun Stilelemente von der Renaissance bis zur Neugotik, ist aber dennoch ein eindrucksvolles Gebäude. Wer den Turm besteigt – den Schlüssel verwahrt der Rathauspförtner –, hat einen schönen Blick auf die gesamte Stadt auf hügeligem Gelände.

Fast dem Rathaus benachbart, nur auf der anderen Seite der Stadtachse, die von der Ludwigstraße gebildet wird, liegt die

**Stadtpfarrkirche St. Michaelis** [2]. Obwohl die Kirche schon im 14. Jh. vorhanden war, ist von ihrer ursprünglichen Form fast nichts mehr geblieben. Nach dem großen Stadtbrand von 1823, dem auch sie zum Opfer fiel, wurde sie neugotisch wiederaufgebaut. Auch die Ausstattung enthält mit Ausnahme eines spätgotischen Kruzifixes nichts mehr von der mittelalterlichen Substanz. Dabei besaß gerade die Kirche St. Michaelis ein Kunstwerk von hohem Rang, den sog. Hofer Altar des Bamberg-Nürnberger Malers Hans Pleydenwurff von 1465. Der Altar ist jetzt in der Alten Pinakothek in München ausgestellt. Mit der Klangfülle der Silbermannorgel in der Dresdner Hofkirche wird die Klangschönheit der von den Gebrüdern Heidenreich 1834 geschaffenen *Orgel* von St. Michaelis verglichen. Den neuen *Hauptaltar* mit Evangelistenmotiven schuf der Münchner Anselm Sickinger 1865. Carl Gottfried Pfannschmidt und Andreas Müller

*Das Hofer Rathaus*

schufen 1884 die *Chorfenster*, aus dem gleichen Jahr stammt die *Kanzel* von J. Gg. Hauberrisser.

Ganz in der Nähe von St. Michaelis steht eine interessante Kirche, die vom 14. Jh. stammende

**Spitalkirche** [3]. Ihr schönster Schmuck ist eine barocke *Kassettendecke* mit biblischen Darstellungen des Hofer Malers Heinrich Andreas Lohe (1688/89), der auch die obere Empore und die Orgelempore gestaltet hat. Die Spitalkirche birgt außerdem einen *Flügelaltar* (dat. 1511), der bis 1557 in der Michaeliskirche gestanden war. Eine sehr schöne Arbeit ist auch die aus dem 16. Jh. stammende *Kanzel* mit einem später hinzugefügten barocken Schalldeckel. Die Spitalkirche ist Teil des weitgehend intakt gebliebenen Ensembles des ehem. Spitalhofes. Erhalten sind das Kellerhaus, das Pfründnerhaus, die Konventsstube und das Beamtenhaus. Hier ist jetzt das *Museum Bayerisches Vogtland* untergebracht.

Von der Spitalkirche aus ist es nicht weit zum

**Theresienstein** [4], ein nach der bayerischen Königin Therese Charlotte benanntes Jugendstil-Gesellschaftshaus mit weiträumigem Park von rund 70 ha. Teil des Parkgeländes sind u. a. ein Botanischer Garten, Pavillons, Teiche, Brunnen, eine künstliche Ruine und gepflegte Sportanlagen. Der Stadtpark Theresienstein ist von der Innenstadt aus in wenigen Minuten zu Fuß erreichbar.

Am entgegengesetzten Ende der Stadtachse trifft man auf die Hofer Urpfarre, die

**St. Lorenzkirche** [5], bereits 1214 bezeugt. Ihr schönster Schmuck ist ein spätgotischer Flügelaltar, nach seinem Stifter Pfarrer Hertnid v. Stein *Hertnidaltar* genannt. Im Stadtbild erhalten blieb bei St. Lorenz das Kantoratsgebäude. Das ehem. Pfarrhaus wird heute als Restaurant genutzt. – Ein typisches Gebäude seiner Zeit ist der

**Hauptbahnhof** [6] mit einem sog. Königssaal von 1880. Vom ersten Hofer Bahnhof ist noch die historische Einsteighalle vorhanden, ein interessantes Denkmal der Eisenbahngeschichte. – Einen Blick auf das mittelalterliche Hof gibt das

**Alte Gymnasium** [7]. Sein Kern ist ein spätgotisches Sommerhaus des Franziskanerklosters, das im 18. Jh. dreigeschossig ausgebaut wurde.

Eine Attraktion, auch für die Besucher der Stadt, ist der *Untreusee*, ein Stausee von mehr als 60 ha mit vielen Freizeitanlagen.

Einen weiten Blick in die Landschaft erlaubt der *Bismarckturm* in der Parkanlage Rosenbühl.

*Bismarckturm*

## PRAKTISCHE HINWEISE

ℹ Tourist-Information, Rathaus, 8670 Hof, ☎ 0 92 81/ 81 52 33.
✈ nach Frankfurt/Main.
🚆 Plauen, Bayreuth, Kulmbach, Bamberg.
🚌 in alle Richtungen.
⌂⌂⌂ »Central-Hotel«. – ⌂⌂ »Untreusee«; »Strauß«; »Am Maxplatz«; »Am Kuhbogen«; »Munzert«, Ortsteil Krötenbruck. – ⌂ »Falter«, Ortsteil Unterkotzau; zahlr. Gasthöfe. – ⛺.
Hallenbad, Freibad, Freizeit- und Erlebnisbad am oberen Anger, Angeln, Bootsverleih, Reiten, Tennis, Flugsport, Flugschule, Rundflüge, Eislaufen.
*Veranstaltungen:* Zinnfiguren-Börse (ungerade Jahre, jeweils im August); Zinnfiguren-Hobby-Wochenenden im März, Aug. und Okt.; Schlappentag (Mai); Hofer Filmtage (Okt.).

*Ausflüge:*
Von Hof aus empfiehlt sich eine Fahrt ins Tal der oberen Saale, wo von 1926 an mehrere *Talsperren* entstanden sind, die den Fluß zu den »Thüringer Meeren« anstauen. Die Bleilochtalsperre hat eine Wasserfläche von über 9 km² und damit die größte Talsperre in Deutschland, die Hohenwarte-Talsperre ist rund 7,3 km² groß. Inmitten der reizvollen Mittelgebirgslandschaft bieten sich an den Thüringer Meeren vielfältige Erholungsmöglichkeiten beim Wandern und dem Wassersport oder bei Rundfahrten mit der »Weißen Flotte«. Für die Rückfahrt empfiehlt sich die *Panorama- und Saaletalstraße*, die bei der Raststätte Moos eine äußerst reizvolle Flußlandschaft erschließt.

# Das Wiesenttal: **Bamberg – Waischenfeld – *Gößweinstein – Ebermannstadt – *Forchheim – **Bamberg (120 km)

Diese Route führt durch den schönsten Teil der Fränkischen Schweiz, fast immer an dem Albfluß Wiesent entlang, vorbei an Burgen und Ruinen, durch reizende Landstädtchen und in die uralte Königsstadt **Forchheim*, wo sie wieder in die breite Regnitzfurche mündet und zurückkehrt nach dem Ausgangspunkt ***Bamberg*. Von dort geht es zunächst ziemlich exakt nach Osten. Statt die Stadt auf der B 505 (künftige A 70) zu verlassen, sollte man die B 22 in Richtung Scheßlitz benutzen. Rund 3 km hinter der Bamberger Stadtgrenze liegt rechts an der Straße

***Schloß Seehof.** Das ehem. Lustschloß der Fürstbischöfe von Bamberg befindet sich neuerdings im Besitz des Freistaats Bayern, der hier seine oberfränkische Außenstelle des Landesamtes für Denkmalpflege eingerichtet hat. Die Schloßanlage kann besichtigt werden. Schloß Seehof – nach seinem Erbauer, dem Fürstbischof Marquard Schenk von Stauffenberg, auch Marquardsburg genannt – ist eine quadratische Vierflügelanlage mit markanten Ecktürmen, denen behagliche geschieferte Hauben aufsitzen. Es wurde ab 1684 von Antonio Petrini und anderen erbaut. Der Weiße Saal im ersten Obergeschoß hat eine schöne Freskodecke von dem Italiener J. Appiani. Die barocke Gartenanlage war einst mit rund 400 Figuren aus der Werkstatt von Ferdinand Tietz geschmückt und eine Sehenswürdigkeit allerersten Ranges. Der jetzige Besitzer ist bemüht, die Pracht des barocken Gartens wieder aufleben zu lassen sowie die berühmte Kaskade und ihre Wasserspiele zu rekonstruieren. – Wieder auf der B 22, erreicht man nach knapp 15 km das Landstädtchen

**Scheßlitz** (310 m, 6700 Einw.). Die Ortsdurchfahrt wird von einer Zeile schöner Fachwerkhäuser begleitet, darunter das *Zunfthaus* der Brauer und Büttner von J. Hofmann aus Zeil (1692), von dem wir vier außergewöhnliche Fachwerkhäuser kennen; neben diesem noch drei weitere in Königsberg i. Bay., Burgkunstadt und Zeil am Main. Die gotische *Pfarrkirche St. Kilian* zeigt eine qualitätvolle frühklassizistische Ausstattung; das alte Spital von 1773 bildet zusammen mit der Spitalkirche St. Elisabeth ein hübsches Ensemble.

Von Scheßlitz aus kann man zur *Giechburg* hinauffahren. Von der Giechburg, die bewirtschaftet ist und vom Landkreis Bamberg vorbildlich saniert wurde, genießt man einen der schönsten Blicke in den Bamberger Talkessel. Die Burg stammt in ihrer heutigen Form von etwa 1600. Im Bergfried finden gelegentlich Kunstausstellungen statt. Von der Burg kann man in einem 45minütigen Spaziergang hinüberwandern zur malerischen Felsenkapelle *Gügel,* einem Werk der Nachgotik (um 1600). Die beiden Geschosse der Kapelle sind durch eine enge Schneckentreppe miteinander verbunden. Unmittelbar neben dem Gügel befindet sich ein uriges Gasthaus.

ℹ Rathaus, Hauptstraße 34, 8604 Scheßlitz, ☎ 0 95 42/ 2 66.
»Brauerei-Gasthof Hartmann«, Ortsteil Würgau. –

Von Scheßlitz geht es auf der B 22 zunächst nach Würgau, wo der Aufstieg zur Hochfläche der Frankenalb beginnt. Die erste Ortschaft auf der Jurahochfläche ist Steinfeld. Hier entspringt die *Wiesent.* Die Schüttung der Quelle ist so stark, daß der junge Fluß bereits wenige Kilometer flußabwärts erste Mühlenräder antreibt. Die Landschaft wird jetzt sehr reizvoll. Mit jedem Kilometer senkt sich das Wiesenttal tiefer ein. Die Straße führt vorbei an den hoch über dem Tal gelegenen Burgen Wiesentfels und Freienfels sowie an der Burgruine Neidenstein. Erste Karsthöhlen tauchen auf. Schöne Felspartien begleiten die Route bis an den Stadtrand von

**Hollfeld** (403 m, 5200 Einw.), 41 km. Das früher zum Hochstift Bamberg gehörende Landstädtchen ist uralt; 1017 wurde es erstmals erwähnt. Ein Teil seiner Geschichte ist dem gut erhaltenen Ortsbild noch ablesbar.

Sehenswert sind die *Pfarrkirche Mariä Himmelfahrt* (1778–82) mit ihrer wertvollen Rokokoausstattung, darunter eine sehr schöne Kanzel des Bamberger Meisters Kamm (1769), ferner die Kirche *St. Gangolf,* einst Propstei des Bamberger Stiftes gleichen Namens, das *Bartholomäusspital* (1664) und die Reste der *Stadtbefestigung* mit dem großen Torturm. Am *Rathaus* ein Wappen des Bamberger Fürstbischofs von Seinsheim.

ℹ Verkehrsamt im Wittauerhaus am Marienplatz, 8607 Hollfeld, ☎ 09274/727.
»Hotel Bettina« im Ortsteil Treppendorf.
Bamberg, Bayreuth, Behringersmühle/Gößweinstein.
, . – Tennis, Fahrradverleih im Rathaus.

Von Hollfeld aus verläuft die Route bis Behringersmühle entlang einer Staatsstraße auf der Terrasse über dem Wiesenttal. Von Plankenfels aus fließt die Wiesent wieder unmittelbar neben der Straße und verläßt sie nicht mehr bis zur Mündung des Flusses in die Regnitz in Forchheim. Kurz nach *Nankendorf* (Pfarrkirche mit sehenswerter Rokokoausstattung) erreicht man

**Waischenfeld** (372 m, 3230 Einw.), 53 km. Das sehr schön im Tal plazierte Städtchen hat ein relativ geschlossenes, von Fachwerkhäusern geprägtes Ortsbild. Sein Wahrzeichen ist der hoch über dem Tal aus einem Felsen wachsende *Steinerne Beutel,* ein Rundturm mit aufgesetztem Zeltdach, der an die abgetragene ehem. Burg und die Stadtbefestigung erinnert. Die Pfarrkirche *St. Johannes d. T.* stammt von 1460, eine schöne Statue des hl. Nepomuk von 1715. Zwei Ritterburgen befinden sich im Gemeindegebiet: Rabenstein (s. S. 34) und Rabeneck.

ℹ Städtisches Verkehrsamt am Marktplatz, 8551 Waischenfeld, ☎ 09202/1548 oder 1088.
»Zur Post«, »Pulvermühle« und »Heinlein« im Ortsteil Doos.
»Steinerner Beutel« an der Wiesent.
beheizt. – Bootsverleih.

Nun folgt der schönste Teil der Strecke. Die Wiesent mäandert zwischen den felsbestandenen Talwänden von Mühle zu Mühle; eine davon, die *Pulvermühle* bei Waischenfels, ist ein beliebtes Ausflugsziel. Im Ortsteil Doos mündet von rechts das Aufseßtal in das Wiesenttal. Man kann ihm auf einem sehr erholsamen Spaziergang bis zur Kuchenmühle folgen. Doos selbst ist eine gefragte »Forellenstation«.

Sehr lohnend ist von Doos aus ein Besuch der nahegelegenen Felsformation »Riesenburg«, einer großen Versturzhöhle, in deren Tiefe man gefahrlos eindringen kann. – Nach insgesamt 65 km Fahrtstrecke ab Bamberg erreicht man das »Herz der Fränkischen Schweiz«, den Doppelort *Behringersmühle* an den Mündungen der Nebenflüsse Püttlach und Ailsbach in die Wiesent auf 326 m Meereshöhe und – fast 150 m höher gelegen –

***Gößweinstein** (457 m, 5500 Einw.). Der anerkannte Luftkurort wird von einer der male-

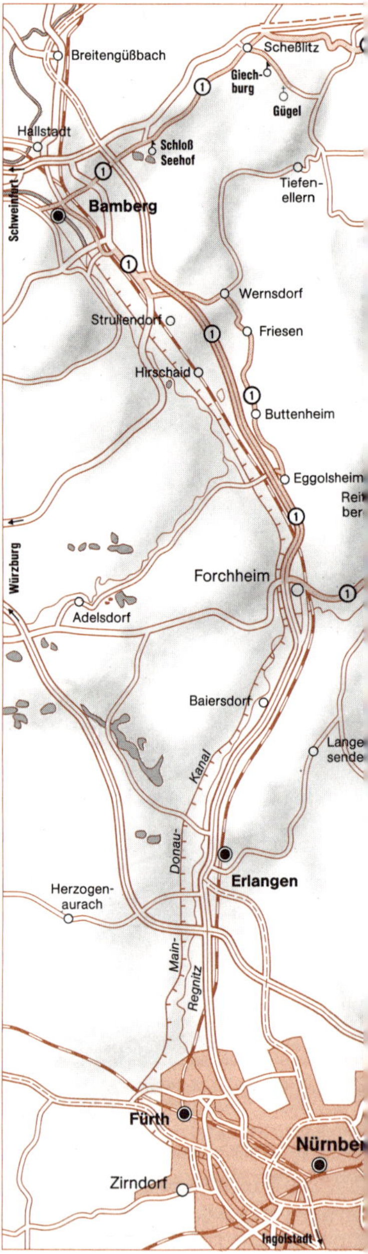

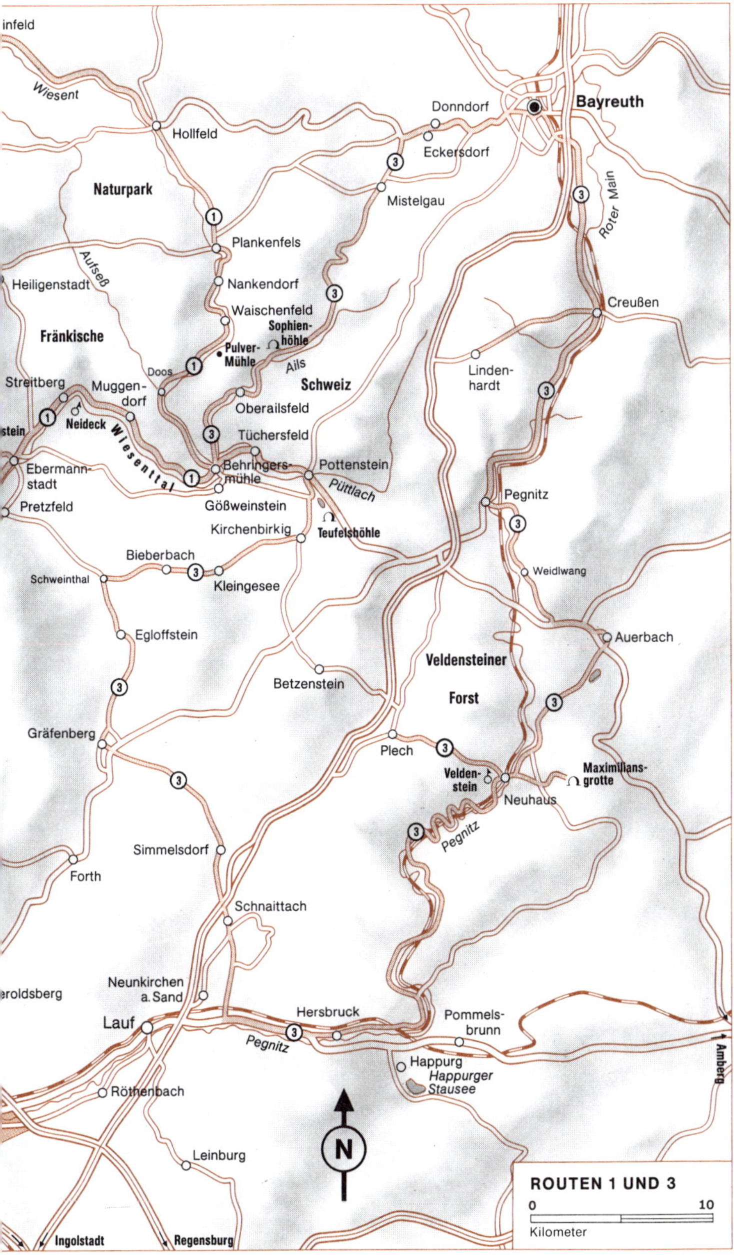

infeld
Wiesent
Hollfeld
Donndorf
Bayreuth
Eckersdorf
Naturpark
Mistelgau
Roter Main
Plankenfels
Aufseß
Heiligenstadt
Nankendorf
Waischenfeld
Sophien-
höhle
Creußen
Fränkische
Pulver-
Mühle
Ails
Linden-
hardt
Doos
Streitberg
Muggen-
dorf
Schweiz
Oberailsfeld
Neideck
Wiesenttal
stein
Tüchersfeld
Ebermann-
stadt
Behringers-
mühle
Pottenstein
Püttlach
Pegnitz
Pretzfeld
Gößweinstein
Kirchenbirkig
Teufelshöhle
Bieberbach
Weidlwang
Schweinthal
Kleingesee
Auerbach
Egloffstein
Veldensteiner
Forst
Betzenstein
Gräfenberg
Plech
Velden-
stein
Maximilians-
grotte
Neuhaus
Pegnitz
Simmelsdorf
Forth
Schnaittach
eroldsberg
Neunkirchen
a. Sand
Lauf
Hersbruck
Pommels-
brunn
Pegnitz
Amberg
Happurg
Happurger
Stausee
Röthenbach
N
Leinburg
ROUTEN 1 UND 3
0
10
Kilometer
Ingolstadt
Regensburg

rischsten und dekorativsten *Burgen* der Fränkischen Schweiz beherrscht. Das erstmals bereits um 1076 genannte wehrhafte Gemäuer hoch über dem Wiesenttal wurde zwar 1890 im Stile der damaligen Burgenromantik saniert, doch hat ihm diese Veränderung nichts von seiner einmaligen Lage und seinem Reiz genommen. Von der Burg hat man eine herrliche Aussicht. Die historischen und kulturgeschichtlichen Sammlungen der Burg sind das Betrachten wert. Wichtiger für Gößweinstein ist die *Wallfahrtskirche zur Heiligen Dreifaltigkeit* mit ihrem Gnadenbild aus dem frühen 16. Jh. Sie hat Gößweinstein zum zweitgrößten Wallfahrtsort der Diözese Bamberg (nach Vierzehnheiligen) werden lassen. Auch heute noch ziehen sommers zahlreiche Wallfahrtsgruppen von weither nach Gößweinstein.

Die Basilika Gößweinstein ist ein Hauptwerk Balthasar Neumanns (ab 1730). Die festlich geschmückte Fassade wird von zwei mächtigen Türmen überragt, deren Kuppen samt ihren schlanken Laternen weit über die Hochfläche der Alb aufragen und schon von weither gesichtet werden. Der Innenraum, nicht so schwebend wie Vierzehnheiligen, aber von beschwingter Heiterkeit, vor allem bei starkem Lichteinfall, wird von feinen Stukkaturen geziert. Den imposanten Hochaltar schufen Michael Küchel und Peter Benkert aus Bamberg. Nicht versäumen sollte es der Besucher, die in der *Votivkammer* gesammelten Beispiele der Volksfrömmigkeit zu betrachten. Empfehlenswert sind auch die kurzen Aufstiege zu den Aussichtspavillons.

Rund um Gößweinstein verläuft ein besonders eng geknüpftes Netz schöner Wanderwege. Der meistbegangene führt nach Behringersmühle, dessen Lage an drei Flüssen und Bächen besonders einlädt. Ein weiterer Fußweg verbindet Gößweinstein mit der *Stempfermühle,* einem Ausflugslokal an der Wiesent, die hier aufgestaut ist und mit Booten befahren werden kann.

ℹ Verkehrsamt, 8556 Gößweinstein, ☎ 0 92 42/ 4 56, oder Behringersmühle, ☎ 0 92 42/ 8 40.
»Frankengold«; »Rose«; »Stern«; »Scheffel-Gasthof«. –
und . – Kneippanlagen im Kurpark, Minigolf, Bootsverleih an der Stempfermühle, Angeln, Fahrradverleih, Tennis.

Ab Behringersmühle, das auf einer steilen Bergstraße von Gößweinstein aus erreicht wird – eine zweite Abfahrt von Gößweinstein aus hinunter ins Wiesenttal mündet an der Sachsenmühle, sie ist weniger steil als die erstgenannte –, verläuft die Route auf der B 470. – Die nächste größere Gemeinde in Richtung Forchheim ist

**Muggendorf** (324 m, 700 Einw.), 72 km. Muggendorf bildet zusammen mit Streitberg die Gemeinde Wiesenttal. Die Bedeutung des Ortes mag man daran erkennen, daß die Fränkische Schweiz früher Muggendorfer Gebirge genannt wurde. Muggendorf ist der älteste Luftkurort des ganzen Gebietes (seit dem 18. Jh.). Rund um Muggendorf findet man Höhlen; die bekannteste ist die Rosenmüllershöhle. Eine auffallende Felsformation nahe des Ortes wird *Quackenschloß* genannt. Meist mit dem Erntedankfest zusammen fällt das Muggendorfer Kürbisfest. Kinder ziehen dann mit ausgehöhlten und von innen erleuchteten »Kürbisgesichtern« durch den Ort.

ℹ Verkehrsamt Muggendorf, 8551 Wiesenttal, ☎ 0 91 96/ 7 17.
»Hotel Feiler«. – »Goldener Stern«.

Auf der Weiterfahrt in Richtung Streitberg grüßt etwa auf halber Strecke von links die wohl malerischste Burgruine der Fränkischen Schweiz, die *Neideck.* Es scheint, als würden die Mauern ihres Viereckturms direkt aus dem Felsen wachsen. Bei der Verteidigung der Burg Neideck fiel 1347 der letzte Schlüsselberger. Sein Geschlecht hatte länger als ein Jahrhundert weite Teile der jetzigen Fränkischen Schweiz beherrscht. Zur Neideck kann man vom Streitberger Schwimmbad aus aufsteigen. Am Weg liegt auch ein bekanntes Strudelloch, die Neidecker Grotte.

***Streitberg** (320 m, 530 Einw.) faßt alles zusammen, was die Fränkische Schweiz ausmacht: Felsenbastionen, eine gut erschlossene Burgruine, ein geschlossenes Ortsbild und eine Fülle von Freizeiteinrichtungen. Außerdem ist Streitberg ein Knoten im Wanderwegenetz. In der Talwand über dem Ort liegt der Eingang zur *Binghöhle,* einer der drei Schauhöhlen der Fränkischen Schweiz neben der Teufelshöhle und der Sophienhöhle. Die Binghöhle mit ihren grandiosen Tropfsteingebilden und -bildern ist vom 15. März bis 31. Okt. täglich 8–17 Uhr geöffnet.

Im Ort sehenswert ist die ev. *Pfarrkirche* mit einer schönen Felderdecke und ebensolchen Emporen, um 1700. Wer Streitberg besucht, sollte auch die »Pilgerstube« einer bekannten Schnapsbrennerei kennenlernen. Die Vielfalt der hier angebotenen Obstbrände übertrifft alle Erwartungen.

ℹ Verkehrsamt Streitberg, 8551 Wiesenttal, ☎ 0 91 96/ 3 46.
»Sterns Posthotel«. – , Tennis, Boote.

Von Streitberg ab wird das Wiesenttal breiter. Die Felswände treten zurück, an ihrer Stelle erscheinen bewaldete Hügel, die besonders zur Zeit der Laubfärbung die Passage dieser Strecke kurzweilig machen. 5 km weiter erreicht man

***Ebermannstadt** (292 m, 6000 Einw.), ein Landstädtchen mit tausendjähriger Geschichte, in dem auch die Tourismuszentrale der Fränkischen Schweiz ihren Sitz hat. Schöne Fachwerkhäuser prägen den Marktplatz (mit Brunnen) und die folgende Hauptstraße. Friedrich Theiler (1748–1826), ein Sohn der Stadt, hat die Madonna im Strahlenkranz in der Marienkapelle geschnitzt; die Kapelle ist leider nicht ständig geöffnet. Häufig fotografiert wird das große Mühlenrad an der Wiesent. Durch das Scheunenviertel gelangt man zu einer neuen Erholungsanlage am Fluß. Am Ortsende gegen Forchheim zu zweigt nach rechts die Straße hinauf zum *Feuerstein* ab. Hier unterhält die Diözese Bamberg eine Jugendburg. Ganz in ihrer Nähe liegt die Fliegerschule Feuerstein. Von Ebermannstadt aus verkehrt die *Museumsbahn Fränkische Schweiz*. Auch Dampfbahnfahrten finden regelmäßig statt. Vom 15. April bis zum 30. Sept. verkehrt an den Sonntagen ein Dieseltriebwagen zwischen Ebermannstadt und Behringersmühle.

ⓘ Städtisches Verkehrsamt im Bürgerhaus, 8553 Ebermannstadt, ☎ 0 91 94/ 81 28.
⌂ »Hotel Resengörch«; »Schwan«.
⌂ »Sonne«.
beheizt, . – Tennis, Angeln, Reiten, Naturlehrpfad. – ⛺.
*Veranstaltungen:* Im August Jahrmarkt; bei der Kirchweih Anfang Sept. unter anderem Betzenaustanz und Kirchweih-Ein- und Ausgraben.

Bereits kurz hinter Ebermannstadt öffnet sich das Wiesenttal zum Regnitztal hin. Auf dem Weg nach Forchheim (10 km) sind Abstecher möglich: einmal nach rechts hinauf zur Reifenbergkapelle mit einer weiten Aussicht in das Wiesenttal sowie zum *Walberla* und nach links in Richtung *Pretzfeld* (Rokokokirche mit sehenswerter Ausstattung, Schloß) und weiter ins Tal der Trubach hinein nach Egloffstein oder zum Wildgehege Hundshaupten. Die Zufahrt zum *Walberla*, das zusammen mit dem Hesselberg und dem Staffelberg zu den »heiligen Bergen« Frankens zählt, erfolgt am besten über Kirchehrenbach.

Auf dem Walberla (512 m) findet alljährlich am ersten Sonntag im Mai ein großes Frühlings- und Bergfest statt. Die Gegend rund um das Walberla ist ein Süßkirschen-Anbaugebiet. Zur Erntezeit stehen die Obstbauern mit ihren frischgepflückten Früchten an den Straßenrändern und bieten die anerkannt guten Kirschen an.

***Forchheim** (265 m, 29 500 Einw.) ist Große Kreisstadt und eine der ältesten Städte Frankens. Bereits im Diedenhofener Capitular Karls d. Gr. wird die Königspfalz erwähnt. 900 wurde hier Ludwig das Kind zum König gewählt, 911 erfolgte in Forchheim die Wahl König Konrads I. 1007 kam der Ort zum neugegründeten Bistum Bamberg, bei dem er bis zur Säkularisation blieb. Forchheim hat eine sehenswerte Innenstadt. Besonders wohlproportioniert ist der von Fachwerkbauten umgebene *Rathausplatz.* Das Fachwerkrathaus Forchheims zählt zu den schönsten Frankens. Sein Fachwerk entstand um 1500. Wie ein Bilderbuch läßt sich das Schnitzwerk lesen mit »Mauerscheißer«, »Possenreißer« und »Bär mit Dudelsack«. Sehenswert sind ferner das Katharinenspital und das Neue Nürnberger Tor von 1698, das daran erinnert, daß Forchheim die Südfestung des Hochstifts Bamberg war. Noch im Barock wurde sie mit neuen Fortifikationen versehen. Viel, viel älter ist die Kirche *St. Martin*, die zu den bedeutenden gotischen Kirchen Oberfrankens gezählt wird. Die acht Bilder aus der Martinslegende (Ende 15. Jh.) malte wahrscheinlich der Bamberger Wolfgang Katzheimer. Sehenswert ist auch ein Ölberg von Hans Nußbaum (um 1538). An der Stelle des ehemaligen Königshofes steht jetzt die sog. *Kaiserpfalz* (14. Jh.). Ihr wichtigster Schmuck sind gotische Wandmalereien aus einer Parler-Werkstatt. Das hier untergebrachte *Museum für Vor- und Heimatgeschichte* ist Mai bis Okt. geöffnet.

ⓘ Städtisches Verkehrsamt, 8550 Forchheim, ☎ 0 91 91/ 8 43 38.
⌂ »Franken«, Ziegeleistr. 17; »Am Kronengarten«, Bamberger Straße 6a; »Pilatushof«; weitere Hotels und Gasthöfe.
*Veranstaltungen:* Altstadtfest im Juni; Annakirchweih im nahen Kellerwald (Ende Juli).

Von Forchheim aus sind es rund 25 km bis ***Bamberg* (A 73; Frankenschnellweg). Wer Zeit hat, kann auf einer untergeordneten Parallelstrecke auf einer Talterrasse über Eggolsheim – Buttenheim – Friesen fahren. In der Buttenheimer *Pfarrkirche* sieht man Epitaphe von Riemenschneider und seiner Werkstatt. Auf dem westlichen Regnitzufer verläuft eine dritte Straßenverbindung nach Bamberg über Seußling und Hirschaid, und viertens kann man schließlich auch die alte B 4 benutzen.

Größter Ort zwischen Forchheim und Bamberg ist die Marktgemeinde *Hirschaid* (9300 Einw.).

# Das Maintal: **Bamberg – Staffelstein – Lichtenfels – Burgkunstadt – *Kulmbach – Himmelkron – **Bayreuth (100 km)



*Routenplan auf S. 46/47.*

Diese Reiseroute folgt dem Oberen Main gegen dessen Fließrichtung. Sie führt durch die »stromdurchglänzte Au«, die Victor von Scheffel in seinem »Frankenlied« besungen hat. Die Landschaft links und rechts der Strecke ist nicht spektakulär, aber von einem unaufdringlichen Liebreiz. Künstlerische Höhepunkte sind Balthasar Neumanns Meisterwerk Vierzehnheiligen und die ehemalige Markgrafenstadt Kulmbach.

Der Main kommt ***Bamberg* direkt aus nördlicher Richtung entgegen. Also führt die Maintal-Route von Bamberg aus ebenso exakt nach Norden. Als bequemste und auch schnellste Straße bietet sich der Frankenschnellweg an (B 173 ab Bamberger Kreuz). In *Breitengüßbach,* das umgangen wird, zweigen zwei wichtige Bundesstraßen ab: die B 279 nach Ebern – Neustadt/Saale – Fulda und die B 4 nach Coburg. Gleich hinter Breitengüßbach, auf dem Frankenschnellweg bleibend, sieht man erstmals den Fluß, den die Route nun bis zum Zusammenfluß seiner beiden Quellflüsse Weißer und Roter Main nicht mehr »verliert«. In Fahrtrichtung gesehen links säumen die Ausläufer der *Haßberge* das Maintal, von rechts drängt sich der Jura an den Talrand. Sein markantester Berg ist hier der *Staffelberg.* Bereits 15 km hinter Bamberg grüßt er von rechts hinunter zur Straße. Nach gut 25 km erreicht man das Städtchen

***Staffelstein** (274 m, 10 000 Einw.), einen staatl. anerk. Erholungsort. Staffelstein wird schon im 9. Jh. erwähnt, 1130 erhält es sein Marktrecht. 1492 wird hier der Rechenmeister Adam Riese (eigentl. Ries) geboren. Das Staffelsteiner *Rathaus* ist eines der schönsten in Franken. Aus den Fassaden unter dem hohen Satteldach mit Zwerchgiebel leuchtet reich geschnitztes Fachwerk. Ein zierlicher Dachreiter krönt das freistehende Gebäude, das in seinem jetzigen Erscheinungsbild nach 1684, als der Vorgängerbau abgebrannt war, entstand. Schöne *Bürgerhäuser* findet man am Marktplatz 3, 7 und 8 sowie in der Bahnhofstraße 2 und 13 (Deutschherrenhof). Vor dem Rathaus steht über einem Brunnen eine schöne Nepomukstatue. Die *Pfarrkirche St. Kilian und Georg* läßt vom Grundriß her ihre romanische Herkunft erkennen, ihre Ausstattung indes ist barock. 1985 brach für Staffelstein mit der *Obermain-Therme* eine neue Zeit an. Auf der Suche nach einem Erdgasspeicher war man auf Bayerns wärmste eisen- und kohlensäurehaltige Thermalsole gestoßen. Das Thermalwasser kommt mit einer Temperatur von 34–36° C und einem stärkeren Solegehalt als im Mittelmeer aus 1600 m Tiefe. Zu dem modernen Badekomplex, in dessen Außenbecken man auch im strengsten Winter im Freien schwimmen kann, gehören mittlerweile ein hochmodernes Kurmittelhaus und ein Kurhotel. Der Andrang zur Obermain-Therme ist ungebrochen. »Halb Oberfranken« und angrenzende Teile Mittel- und Unterfrankens sind hier zu Gast.

ℹ Verkehrsamt in der Alten Darre am Stadtturm, 8623 Staffelstein, ☎ 0 95 73/ 41 92.
🚌 nach Bamberg und Lichtenfels.
Hallenbad, Freibad, Camping, Surfschule im Freibad am Baggersee, Reithalle, Tennis, Museum am Kirchplatz.
🏨 »Kurhotel« an der Obermain-Therme.
🏠 »Grüner Baum«.
*Veranstaltung:* Altstadtfest Ende Juli.

Von Staffelstein aus erfolgt die Zufahrt zum *Staffelberg,* einem der »heiligen Berge« Frankens.

*Historisches Rathaus von Staffelstein*

Auf seinem markanten Bergrücken breitete sich einst die keltische Metropole Menosgada aus, die für die damalige Zeit (letzte Jahrhunderte v. Chr.) eine Großstadt war. Reste der keltischen Ringbefestigung sind vom Landesamt für Denkmalpflege wieder sichtbar gemacht worden. In das »Hohlkreuz« des Bergrückens (539 m) schmiegt sich die *Adelgundiskapelle*. Das 1653 nach seiner Zerstörung wiederaufgebaute Kirchlein hat einen Hochaltar von dem Bamberger Rokokomeister Mutschele. Eine Bildfolge zeigt Szenen aus der Adelgundislegende; das Heilige Grab wurde von dem Einsiedler F. J. Heß gemalt, der 1667 in seiner Eremitenklause auf dem Staffelberg erfror. Die Einsiedelei ist nicht mehr bewohnt; man findet hier jetzt eine Gaststätte.

Die Zufahrt zum Staffelberg, vorbei an der tausendjährigen Linde, erfolgt über die Ortschaft *Romannsthal*. Kurz danach ist ein Parkplatz angelegt, von dem aus man in etwa 30 Minuten zur Hochfläche gelangt. Von dort bietet sich ein weiter Blick in das Maintal und hinüber auf die andere Uferseite, wo das *Kloster Banz* (siehe S. 52) auf einem Bergrücken thront. – Vom Staffelberg aus kann man auf einem bequemen, fast eben verlaufenden Fußweg nach

****Vierzehnheiligen** wandern. Die Zufahrt nach Vierzehnheiligen zweigt von der B 173 zwischen Staffelstein und Lichtenfels bei Grundfeld nach rechts ab. Zumindest an starken Besuchstagen ist die Zufahrt bis zur Basilika untersagt. Parkplätze sind ausgewiesen. Vierzehnheiligen ist mit Abstand Frankens meistbesuchter Wallfahrtsort. Die Wallfahrt geht auf die Erscheinung der 14 heiligen Nothelfer bei Hirten aus dem nahegelegenen ehemaligen Zisterzienserkloster Langheim in den Jahren 1445 und 1446 zurück. Sie setzte sehr bald nach dem Bekanntwerden der Erscheinungen ein. Bereits 1447 wurde eine erste Kapelle erbaut. Etwa an ihrer Stelle entstand von 1743 bis 1772 die heutige Basilika Vierzehnheiligen, die als das reifste Werk des genialen Barockbaumeisters Balthasar Neumann gilt. Die Fassade aus dem in der Nähe gebrochenen braunen Sandstein, die besonders im Nachmittagslicht goldfarben aufleuchtet, läßt schon den Vorhof des Himmels ahnen, als den das gläubige Volk den Innenraum empfindet: ein barockes Bauwunder von schwebender Leichtigkeit und lichtdurchfluteter Unruhe, in dem alles schwingt und tanzt. Dies gilt für die ellipsenförmige Raumschale ebenso wie für den frei im Raum stehenden Gnadenaltar von Michael Küchel mit den heiter-bewegten Figuren der 14 Nothelfer. Der Stuck des Kirchenraums stammt

*Kloster Vierzehnheiligen*

von Joh. Mich. Feuchtmayer, die Deckenfresken schuf Jos. Appiani (1764–1769). Sehenswert ist die Votivkammer. – Wer die Basilika Vierzehnheiligen gar erlebt, wenn eine Wallfahrt ankommt und mit »fliegenden Standarten« (Victor v. Scheffel) in die Kirche einzieht, der erkennt, daß hier das religiöse Franken kulminiert. Die Basilika, deren Türme hinübergrüßen zum Kloster Banz auf der anderen Talseite (s. S. 52), wurde in den achtziger Jahren einer Generalsanierung unterzogen. Seit 1990 glänzt ihr Innenraum wieder in alter Pracht. An der Kirche blüht der Devotionalienhandel, und wie meist bei katholischen Wallfahrtsstätten warten unmittelbar neben der Kirche die Gasthäuser. Das zur Basilika gehörende Kloster wird von Franziskanern bewohnt. – Wieder auf der B 173 angelangt, erreicht man bald die Kreisstadt

**Lichtenfels** (272 m, 21 000 Einwohner), 33 km ab Bamberg. Lichtenfels ist eine vom Gewerbe geprägte Stadt. Hier hat die Korbindustrie ihren Sitz, am Ort besteht die einzige Korbfachschule Deutschlands. Dominierende Branchen sind ferner die Polstermöbelindustrie sowie die Pelz- und Lederverarbeitung. Die Stadt befand sich zunächst im markgräflich Schweinfurter Besitz, 1248 fiel sie an das Bistum Bamberg und blieb dort auch bis zur Säkularisation. Der stattliche Markt in der Stadtmitte erstreckt sich zwischen zwei mittelalterlichen Stadttürmen und -toren. Das *Rats- und Amtshaus* von 1743 mit einem hohen, von drei Reihen Schleppgauben aufgelockerten Walmdach steht frei auf dem Platz. Die stattliche *Stadtpfarrkirche* mit gotischem Helm und Ecktürmchen wurde 1487 erbaut.

Städt. Verkehrsbüro am Marktplatz, 8620 Lichtenfels, ☎ 09571/5061.
»Preußischer Hof«; »Krone«. – . – .
, . Angeln, Heimatmuseum.
*Veranstaltungen:* Lichtenfelser Korbmarkt mit einem Riesenangebot an Korbwaren für jeden Zweck (erste Septemberhälfte).



Zusammen mit dem Main ändert hinter Lichtenfels die B 173 ihre Richtung: Sie »zeigt« nun nach Osten. Nach Passieren der Korbmachergemeinde *Michelau,* in der sich das Deutsche Korbmuseum befindet, sieht man hinter der Ortschaft Trieb ein interessantes Baudenkmal, den Rundbau des Gutshofes *Nassanger,* eine in ihrer Art einzigartige Anlage in Form eines geschlossenen, leicht ovalen Rondells mit drei Steingeschossen und einer Vielzahl kleiner Rundfenster. Architekt war Leonhard Dientzenhofer (1693). Der Gutshof Nassanger war ein landwirtschaftlicher Betrieb des früheren Zisterzienserklosters *Langheim,* 6 km östlich von Lichtenfels. Dieses wurde nach der Säkularisation von 1803 als Steinbruch freigegeben. Von der einstigen Klostergemeinde stehen nur noch Reste des Abteibaus, ein Eckpavillon, das ehemalige Sekretariat, der Ökonomiehof, Back- und Brauhaus sowie Schmiede und Mühle. Kloster Langheim war 1132 von dem Bamberger Bischof Otto I. d. Hl. gegründet worden. Es wetteiferte zeitlebens mit dem Zisterzienserkloster Ebrach westlich von Bamberg. Im Barock wurde es zu einer regelrechten Klosterstadt ausgebaut. Von dem Langheimer Abt Gallus Knauer stammt der oft zitierte Hundertjährige Kalender. An einem Modell kann man die Größe der ehemaligen Abtei erahnen. Der Abstecher nach Langheim von Lichtenfels über Mistelfeld ist lohnend. Auf der B 173 weiterfahrend erreicht man

**Hochstadt am Main** (280 m, 1800 Einw.), früher ebenfalls eine Außenstelle von Kloster Langheim. Wie bedeutend sie war, läßt das Propsteigebäude (1605) erahnen, ein repräsentativer Renaissancebau, in dem jetzt der Bezirk Oberfranken eine Fachklinik für Drogenkranke unterhält. Nach Hochstadt teilt sich die Straße: geradeaus führt sie als B 173 weiter nach Kronach, nach rechts als B 287 in Richtung Kulmbach. Übrigens: Ab Lichtenfels ist die Strecke wieder nur zweispurig. – Nächster größerer Ort ist

**Burgkunstadt** (304 m, 6800 Einw.), seiner Schuhindustrie wegen auch als das »fränkische Pirmasens« bezeichnet. Burgkunstadt ist auch Sitz eines Großversandhauses, dessen Bauten das Ortsbild prägen. Im Stadtzentrum aber regiert noch das Mittelalter. Freunde des Fachwerks kommen voll auf ihre Rechnung. Das schönste Fachwerk zeigt das spätgotische *Rathaus* her. Es stammt von dem Zeiler Zimmermeister Jörg Hofmann, dem auch das in Route 1 unter Scheßlitz vorgestellte Zunfthaus zugeschrieben wird. Die *Pfarrkirche* ist Heinrich und Kunigunde, den Bamberger Bistumspatronen, geweiht, letztes Indiz dafür, daß Burgkunstadt bereits um 1059 Bamberger Besitz war. Auf dem südlichen Mainufer breitet sich Altenkunstadt aus. Von ihm aus läßt sich ein kurzer Abstecher in das Städtchen *Weismain* machen, wobei man am *Kordigast* (535 m) vorbeifährt, dem beherrschenden Vorberg des Jura. Weismain ist anerkannter Erholungsort mit intaktem historischem Ortsbild, sehr stattlichem Rathaus und mittelalterlicher Stadtwehr. Von Weismain aus kann man auf Nebenstrecken auch direkt nach Kulmbach fahren.

»Drei Kronen«, Burgkunstadt; »Krone«, Weismain.

Von Burgkunstadt aus, auf der B 289 und immer am Main entlang, dessen beide Quellarme hier zusammenfließen, erreicht man nach 18 km

***Kulmbach** (306 m, 29 000 Einw.), 65 km ab Bamberg, Große Kreisstadt und vormalige Residenz der Markgrafen von Kulmbach, ehe diese ihre »Hauptstadt« nach Bayreuth verlegten. Kulmbach hat zwei große Werbeträger: die *Plassenburg,* 116 m über der Stadt, und sein Bier, das in vier Großbrauereien gebraut und in alle Welt exportiert wird. Es hat Kulmbach den Rang einer »Welthauptstadt des Bieres« eingetragen.

*Kulmbach: Plassenburg*

Während der Kulmbacher Bierwoche jeweils im Juli wird es in großen Mengen getrunken. In Kulmbach wird schließlich mit dem Kulminator auch das »stärkste Bier der Welt« gebraut. Es hat einen Alkoholgehalt von knapp acht Prozent.

Die Obere und die Untere (Alt-)Stadt sind reich an historischer Bausubstanz. Zu den wertvollsten Baudenkmälern zählen das *Rathaus* von 1752 mit seiner kurvenreichen Rokokofassade; die ehem. *Kanzlei*, 1563 von Caspar Fischer vollendet; die ev. *Spitalkirche Heilig Geist*, ein Werk von Georg Hoffmann im kräftigen Barock des Markgrafenstils, und der ehem. *Amtshof* des Klosters Langheim (1691–1695), dessen Mauerwucht schon auf die alles überragende **Plassenburg* vorbereitet, der man sich jetzt nähert.

Von der Stadt her betritt man sie durch das ehemalige Rittertor mit dem Kommandantenhaus und dem Kasernenhof dahinter. Ein prachtvolles Renaissanceportal aus mächtigen Rustikaquadern mit dem Reiterstandbild des Markgrafen Christian in einer Nische über dem Tor beherrscht den unteren Burghof. In der Oberburg schließlich folgt der *Schöne Hof,* der zu den attraktivsten Renaissancehöfen Deutschlands gezählt werden kann. Der Hof des vierflügeligen Hochschlosses wird auf drei Seiten von zweigeschossigen Arkadengängen umschlossen. Die Flächen der Arkadengeschosse sind mit ornamentalem und figürlichem Schmuck schier überschüttet. Die Medaillons (wie am Alten Schloß in Bayreuth) gleichen einer Ahnengalerie der Hohenzollern. Das heutige Erscheinungsbild der Plassenburg entstand nach 1553, als die im Markgrafenkrieg zugrundegegangene Veste wieder aufgebaut wurde. Ab 1561 war der Kulmbacher Baumeister Caspar Fischer verantwortlicher Architekt. Der reiche Schmuck des Schönen Hofes ist dem Steinmetz Daniel Engelhardt zu danken. Der Schöne Hof entstand 1565–1569.

Die Plassenburg birgt mehrere außergewöhnliche Sammlungen, darunter vor allem das weitbekannte *Deutsche Zinnfigurenmuseum* mit mehr als 300 000 historischen und historisch getreuen Einzelfiguren. In großen Dioramen sind Szenen aus der Menschheitsgeschichte und komplette Schlachten dargestellt, darunter auch die Belagerung Kulmbachs während des Markgrafenkriegs 1553. Sehenswert ist auch das *Landschaftsmuseum Obermain*. Die Bayerische Staatsgalerie unterhält auf der Plassenburg eine Filiale; außerdem gibt es eine Jagdwaffensammlung.

ⓘ Städtisches Fremdenverkehrsamt im Rathaus, 8650 Kulmbach, ☎ 0 92 21/ 80 22 16.

🚗 Hof, Bayreuth, Bamberg, Stadtsteinach.
🏠🏠🏠 »Hansa«; »Dobrachtal«.
🏠🏠 »Kronprinz«; »Purucker«;
🏠 »Zur Eiche«; zahlreiche Gasthöfe.
🏊, 🏊. – Reiten, Tennis.

Kulmbachs landschaftliche Lage im Bruchschollenland zwischen dem Frankenwald im Norden, der fast bis an die Stadt heranreicht, und dem Fränkischen Jura mit dem Görauer Anger als nächstem Berg im Südwesten ist außergewöhnlich schön. Landschaftlich reizvoll ist auch die Reststrecke bis an das Ziel der Route. Auf der B 289 sind es 6 km bis *Untersteinach.* Dort zweigt nach rechts die B 303 ab; ihr folgend erreicht man nach 12 km Himmelkron. Auf halber Strecke empfiehlt sich ein Abstecher, wieder nach rechts, zum *Deutschen Dampflokomotiv-Museum Neuenmarkt.* Dieses relativ junge Technikmuseum erfreut sich eines ständig steigenden Zulaufs. Mehr als 20 Dampfrösser deutscher Bahnen sowie die wichtigsten Typen der Baureihen für die Reichsbahn und die Deutsche Bundesbahn sind zu besichtigen, und zwar vor einem Hintergrund, der durchaus echt ist – bis hin zur großen Drehscheibe. Auskunft: Deutsches Dampflokomotiv-Museum, ☎ 0 92 27/ 57 00.

Während die Eisenbahnzüge zwischen Neuenmarkt und Marktschorgast in Richtung Hof die Steilstrecke der *Schiefen Ebene* erklimmen müssen, bleibt die Straße nach Himmelkron auf etwa gleichem Niveau.

Wer auf Nebenstraßen direkt von Neuenmarkt aus nach Himmelkron fährt, passiert *Trebgast,* wo Juni bis August alljährlich Freilichttheater auf der Naturbühne geboten wird. Mitte Juni findet auf dem 7 ha großen Badesee das Seefest statt.

**Himmelkron** (433 m, 2800 Einw.) liegt am Weißen Main. Graf Otto IV. von Orlamünde stiftete hier 1279 ein Zisterzienserinnenkloster. Von dieser Gründung steht nur noch der an die Klosterkirche anliegende Flügel des Kreuzganges mit reichem Rippengewölbe und Stuckfiguren. Die Klosterkirche wurde bei ihrer Restaurierung 1699 stark verändert, u. a. durch den Einbau von Emporen und einem Kanzelaltar. 1735 entstand unter dem ehemaligen Nonnenchor eine Fürstengruft für die markgräfliche Familie. Sehenswert sind die alten Grabdenkmäler der Klosterkirche, darunter jenes des Klosterstifters. Es wird mit der Sage von einer Weißen Frau in Verbindung gebracht. – Von Himmelkron sind es nur wenige hundert Meter zur Autobahnauffahrt Bad Berneck. Auf der A 9 Berlin – München erreicht man nach 12 km ***Bayreuth* (s. S. 24).

# Fränkische Schweiz und Frankenalb: **Bayreuth – Creußen – Pegnitz – *Hersbruck – Gräfenberg – *Pottenstein – *Gößweinstein/Behringersmühle – **Bayreuth (170 km)



*Routenplan auf S. 34/35.*
Diese Route ist eine Steigerung des Jura, quasi eine Jura-Potenz, denn sie macht nicht nur mit der Fränkischen Schweiz, sondern auch mit der Hersbrucker Schweiz bekannt und schließt zudem den Naturpark Veldensteiner Forst mit ein. Weil soviel Jura nicht allein auf Oberfranken beschränkt ist, führt die Fahrtstrecke auch ganz kurz in die Oberpfalz und ein schönes Stück weit durch Mittelfranken. – Auf der B 2 sind es von ***Bayreuth* in südlicher Richtung 12 km nach

**Creußen** (444 m, 4800 Einw.) am Roten Main, einem malerischen Markgrafenstädtchen, dem seine Herkunft deutlich im Gesicht steht. Creußen erhielt unter Karl IV. Stadtrecht. Mauern, Türme und Tore schützen heute noch die hochgelegene Altstadt. Auf steilem Fels aus Burgsandstein, dem gleichen Sandstein, auf dem auch die Nürnberger Burg gründet, stand einst die Heziloburg; sie war bereits im Jahre 1000 bezeugt. Hier ragt nun der Kirchturm über die Stadt hinaus. In der Altstadt sieht man schöne alte Bürgerhäuser. Das *Rathaus* war im Mittelalter, wie in Franken häufig üblich, von Marktständen begleitet; besonders sehenswert ist das *Eremitenhäuschen*, eine bürgerliche Einsiedelei aus dem beginnenden 18. Jh. am Übergang zur Neustadt mit ihren Industrie- und Gewerbebetrieben. Weit bekannt ist die Creußener Töpferware. Bereits im 16. und 17. Jh. schätzte man die buntbemalten Creußener Apostelkrüge, die mittlerweile begehrte Sammelobjekte geworden sind. Die schönsten Stükke sowie braunes Steinzeug und typische Creußener Schmuckformen kann man im *Krüge-Museum* in der Wächterstube des Hinteren Tors bewundern.

ℹ Gemeinde, 8587 Creußen, ☎ 09270/607.

Nicht versäumen sollte man von Creußen aus einen Abstecher von rund 7 km nach

***Lindenhardt** (557 m). In der vom Bamberger Bischof Otto d. Hl. gegründeten, jetzt ev. *Pfarrkirche* steht eines der bedeutendsten Kunstwerke Oberfrankens, ein spätgotischer *Flügelaltar, der erst 1926 als frühes Werk von Mathias Grünewald entdeckt und eindeutig identifiziert wurde. Der Altar stand früher in der Pfarrkirche von Bindlach bei Bayreuth und wurde von dort der Lindenhardter Gemeinde geschenkt. Grünewald hat den Schrein und die Flügelaußenseiten des von einem unbekannten Schnitzer, vermutlich einem Bamberger Meister, gearbeiteten Altars bemalt und dabei eine grandios gestaltete Heiligengruppe (14 Nothelfer) geschaffen. – Wieder zurück auf der B 2 hat man noch maximal 15 km bis

**Pegnitz** (424 m, 13 500 Einw.). Die Stadt liegt im Spannungsfeld zwischen Erholungs- und Industriestandort mit rund 5000 Arbeitsplätzen. Kriege und Zerstörungen aller Art haben dem Stadtbild argen Schaden zugefügt. Die einstige Kaiserburg Böheimstein ist ebenso wie die Stadtbefestigung samt großen Teilen des historischen Stadtkerns in Schutt und Asche gefallen und aus dem Stadtbild verschwunden. Geblieben sind u. a. das alte Rathaus mit kunstvollen Fachwerkgiebeln und eine Reihe behaglicher Bürgerhäuser. Die Verluste an historischer Bausubstanz gleicht Pegnitz durch seine außerordentlich günstige und schöne landschaftliche Lage aus. Die Stadt gilt als das östliche Tor zur Fränkischen Schweiz, an deren Ostrand sie sich schmiegt. Vom Aussichtsturm auf dem *Schloßberg* (543 m) hat man eine weite Rundsicht über Frankenalb, Veldensteiner Forst und die Vorberge der Oberpfalz sowie nach Nordosten zum Fichtelgebirge.

ℹ Städtisches Verkehrsamt, 8570 Pegnitz, ☎ 09241/2310.
»Pflaums Posthotel«. »Schatz«, Hollenbg.
, , Tennis, Reiten, Skilift und Loipen.

Kurz nach Pegnitz verläßt die Fahrtroute die B 2, der sie bisher gefolgt ist, und weicht bis Auerbach auf die B 8 aus. Eine kürzere Verbindung (8 km), die zudem auch landschaftlich reizvoller ist, führt auf untergeordneter Straße über die Ortschaften Weidlwang und Hannberg nach

**Auerbach** (435 m, 9100 Einw.) in der Oberpfalz. Im Weichbild Auerbachs befindet sich das ehemalige Benediktinerkloster Michelfeld, eine Gründung des Bamberger Bischofs Otto I. d. Hl. von 1119, der es auch von dem Bamberger Benediktinerkloster St. Michael aus besiedeln ließ. Ende des 17. Jhs. gab sich das Kloster einen Neubau, den Wolfgang Dientzenhofer errichtete. Die Stukkaturen der Klosterkirche schuf Egid Quirin Asam, Gemälde und Altarblatt stammen von seinem Bruder Cosmas Damian. Teile des Klosterkomplexes sind noch erhalten. – 🏨 »Romantikhotel Ruder«. – Nächstes Ziel ist das im Landkreis Nürnberger Land gelegene

**Neuhaus** (400–500 m, 3300 Einw.) im Tal der Pegnitz, in das sich »breitbeinig« die ehemalige Bamberger Bischofsburg *Veldenstein* stellt. Die mächtige Burganlage war im 15. und 16. Jh. eine Art Sommerfrische der Fürstbischöfe von Bamberg. Die Burg gehört jetzt dem Freistaat Bayern, der sie an eine Brauerei verpachtet hat. Vorletzter Burgherr auf Veldenstein war der seinerzeitige Hitler-Reichsmarschall Göring. – Die Burg Veldenstein ist relativ gut erhalten; es lohnt sich, zu ihr hinaufzusteigen. – 🏨 »Burg Veldenstein«.

Eine andere Schatzkammer als auf Veldenstein wurde in der 3,5 km in östlicher Richtung entfernten *Maximiliansgrotte* bei Krottensee vermutet. Als sie 1597 entdeckt wurde, sprach man von gleißenden Steinen und Gold. Also schickte Kurfürst Friedrich von der Pfalz nicht nur einen Bergmann, sondern auch einen Goldschmied in den 1200 m langen Grottengang. Statt Edelsteinen fand die »Expedition« nur Tropfsteine; man versteht jedoch den Irrtum, wenn im Schein der Lampen die Höhlenwelt der Grotte aufleuchtet.

In Neuhaus beginnt der landschaftlich schönste Teil dieser Route. Er führt durch das enge Tal der Pegnitz. Der Fluß mit seinem klaren Wasser pendelt in großen Mäandern durch den grünen Grund, bleibt an vielen Mühlwehren »stehen« und beschleunigt wieder nach den Wehren. Das Tal ist so eng, daß wirklich nur Platz bleibt für die Pegnitz, die Straße und einige Gehöfte und Dörfer mit originellen Namen. Die Eisenbahn muß dieser Enge wegen in den »ersten Stock« der Talwände und dort oft sogar in Tunnels ausweichen. – Rund 30 km hinter Neuhaus erreicht man

**Hersbruck** (340 m, 11 800 Einw.), die Stadt, die dem umliegenden Teil der Fränkischen Alb ihren Namen geliehen hat: Hersbrucker Schweiz. 1011 schenkte Kaiser Heinrich II., der in Bamberg residierte, den vorhandenen Königshof »seinem« Bistum Bamberg. Dieses gründete 1057 einen Markt. Der Markt Hersbruck fiel später an die Herzöge von Bayern, Karl IV. erhob den Markt zur Stadt. Aus der reichen Geschichte ist ein interessantes Stadtbild zurückgeblieben. – Die historische Bausubstanz ist groß und gut erhalten. Sehenswert sind die ev. *Stadtpfarrkirche* mit Teilen des Gründungsbaus aus dem 10. Jh. und einem Hochaltar des »Hersbrucker Meisters«; die ehem. *Spitalkirche* von 1406; das *Schloß* der Nürnberger Pfleger, erbaut 1618–1622, und das barock umgestaltete *Rathaus* der Stadt, das in seinem Kern bis ins 13. Jh. zurückreicht. Ins Auge fallen mehrere spätgotische Treppengiebel und das im Rokokostil geschmückte Haus Martin-Luther-Str. 15. Ein europäisches Unikat ist das Hersbrucker *Hirtenmuseum.* Jeweils am Dreikönigstag (6. Januar) findet hier ein Hirtentreffen statt. Die Stadt und ihre Umgebung haben hohen Freizeitwert. Ganz in der Nähe, östlich von Hersbruck, liegt der *Happurger Stausee,* ein gutbesuchtes Surfrevier (in der Umgebung Wanderwege). Bei Fischbrunn, ebenfalls östlich der Stadt, beginnen bekannte Kletter- und Wandersteige. Sie führen zu überaus interessanten, an die Dolomiten erinnernden Felsengebilden wie z. B. dem Noristörle.

ℹ Stadtverwaltung, 8562 Hersbruck, ☎ 0 91 51/ 73 50.
🚌 Lauf-Nürnbg., Sulzbach-Rosenbg., Amberg.
🏨 »Roter Hahn«.
⌂ »Adler«, weitere Gasthöfe.
🏊, 🏊.

Ab Hersbruck benutzt die Route nun die B 14 in westlicher Richtung. Kurz vor der Autobahn A 9 Nürnberg – Bayreuth wird die B 14 nach rechts verlassen. Über Neunkirchen am Sand erreicht man 5 km nach der Abzweigung

**Schnaittach** (352 m, 7300 Einw.). Sehenswert ist hier das Schnaittacher *Heimatmuseum* in der alten Synagoge von 1570 und der 200 Jahre jüngeren Frauensynagoge. Das Museum zeigt u. a. fränkisches Wohnen im Laufe der Jahrhunderte und interessante Handwerkstechniken. Die zweite Sehenswürdigkeit liegt etwas außerhalb Schnaittachs: die Ruine der *Festung Rothenberg.* Die 557 m hoch gelegene Rothenberg ist eine der letzten historischen Festungsanlagen in Bayern. Sie wurde 1729 in bayerisch-französischer Zusammenarbeit errichtet und galt als eine der modernsten Fortifikationen ihrer Zeit. – Die Route überquert nun die Autobahn A 9 westlich von Schnaittach und führt nach 4,5 km nach

**Simmelsdorf** (3100 Einw.). Hier hatte die Nürnberger Patrizierfamilie der Tucher, der u. a. die Stiftung des Englischen Grußes von Veit Stoß in der Lorenzerkirche zu danken ist, einen schloßartigen Landbesitz, das sog. *Tucherschlößchen.* Die drei Fachwerkgeschosse über zwei Steingeschossen lassen eindeutig Nürnberger Stil erkennen. Nahe bei Simmelsdorf befindet sich die vom 17. Jh. an belegte Tuchergruft. Ein schönes Ensemble bildet die *Pfarrkirche* »auf dem Bühl« samt Nebengebäuden. Von dort oben hat man einen schönen Blick. Auf dem Weg nach

**Gräfenberg** (433 m, 6000 Einw.) wird von Mittelfranken aus wieder oberfränkisches Gebiet erreicht. Gräfenberg gilt als südliches Eingangstor zur Fränkischen Schweiz. Das Städtchen hat noch ein mittelalterliches Ortsbild: schönes *Rathaus* mit Nürnberger Erker, Fachwerkhäuser.

ℹ Verwaltungsgemeinschaft Gräfenberg, 8781 Gräfenberg, ☎ 0 91 92/ 7 09–29.
nach Nürnberg-Nord.
nach Forchheim, Bayreuth und Nürnberg.
»Hötzelein«, Regensberg. – »Schloßberg-Hotel«. – , .

3

Nach rund 8 km auf reizvoller Strecke folgt einer der schönsten Orte der Fränkischen Schweiz,

**Egloffstein** (400 m, 1850 Einw.). Der Markt- und Luftkurort steigt malerisch in mehreren bebauten Terrassen aus dem Trubachtal empor und wird von der Burg Egloffstein bekrönt, dem Sitz eines der ältesten Adelsgeschlechter in Franken. Es bewohnt heute noch die Felsenburg. Auf beiden Talseiten gibt es bizarre Felsgruppen, ein Netz von Wanderwegen erschließt Talgrund und Hochflächen.

In der Nähe liegt das Wildgehege Schloß Hundshaupten. Kinder finden hier »Tiere zum Anfassen«. Bekannt ist der Wildpark Hundshaupten vor allem wegen seiner Wisentherde.

ℹ Tourist-Information Egloffstein, 8551 Egloffstein, ☎ 0 91 97/ 2 02 und 5 86.
»Post«. – Hotelrestaurant »Häfner«.
. – Kneippanlagen, Tennis.

Die Route führt nun zunächst ein Stück trubachabwärts, ehe sie ab Schweinthal nach rechts wieder zur Jura-Hochfläche ansteigt. Das ständige Pendeln zwischen Tal und Höhe macht die Strekke interessant. Immer auf der Hochfläche bleibend erreicht man nach rund 15 km die Abfahrt hinunter ins Tal der Püttlach, nach

***Pottenstein** (380 m, 5000 Einwohner). Die höchst malerisch gelegene Kleinstadt ist der bedeutendste Kurort der Fränkischen Schweiz. Sie liegt zu Füßen einer 1000 Jahre alten Burg, in der 1228–1229 die hl. Elisabeth von Thüringen nach dem Tod ihres Gatten lebte. An den Aufenthalt der Heiligen erinnert auch der schöne *Elisabethenbrunnen* am fachwerkgeschmückten Marktplatz. Sehenswert ist auch die *Stadtpfarrkirche*. Im Stadtgebiet liegt der Schöngrundsee (Bootsverleih). Von ihm sind es nur noch wenige 100 m zu einer der Attraktionen der Fränkischen Schweiz: der *Teufelshöhle*. Sie ist die größte der drei für Besucher erschlossenen Schauhöhlen. Hinter dem gewaltigen Höhleneingang, groß wie ein Haus, öffnet sich ein Zauberreich mit Tropfsteingebilden von selten geschauter Schönheit. Gezeigt werden auch Massenfunde vorzeitlicher Tierskelette. – ℹ Teufelshöhle: ☎ 0 92 43/208.

ℹ allg.: Städtisches Verkehrsbüro – Kurverwaltung, 8573 Pottenstein, ☎ 0 92 43/ 8 33–8 35.
Kurhotel »Schwan«, Gasthöfe, Pensionen.
. – . – Angeln, Tennis.
malerisch an einer Felsenwand.
*Veranstaltungen:* Alljährlich am Dreikönigstag findet das Pottensteiner Lichterfest statt. Etwas Vergleichbares gibt es in Süddeutschland nicht noch einmal. Auf den steilen Felsenhängen rund um Pottenstein bis hinauf zur 1000jährigen Burg brennen Hunderte von Feuern, so daß der Eindruck entsteht, als ob das Pottensteiner Tal in Flammen stünde. – In der Pottensteiner Teufelshöhle sind auch »Atemkuren im Schoß der Erde« möglich (Auskünfte bei der Kurverwaltung).

»Steigerung« von Pottenstein ist der Felsenort

***Tüchersfeld,** ein Ortsteil von Pottenstein. In dem malerisch über dem Dorf zwischen Felstürmen eingezwängten ehem. Judenhof befindet sich jetzt das *Museum Fränkische Schweiz*. Das Ensemble »Judenhof« ist längst zum optischen Leitmotiv der Fränkischen Schweiz geworden. Die Kletterfelsen können auch von Ungeübten erstiegen werden (gesicherte Aufstiege). Der Blick hinunter auf das malerische Bergdorf und das wasserreiche Püttlachtal lohnt die Mühe.

Das Herz der Fränkischen Schweiz aber schlägt in dem Doppelort **Gößweinstein* und *Behringersmühle*, s. S. 34. Hier nimmt die Route wieder Kurs nach Bayreuth. Die Strecke verläuft zunächst im Tal des Ailsbaches. Nach 8 km folgt Oberailsfeld, das sich zwischen bizarren Felsgruppen, darunter dem »Radfahrer«, ausbreitet. Hinter Oberailsfeld wird das Tal ganz eng. Die Straße windet sich zwischen den Felswänden hindurch und läßt nur noch dem Bach Platz. Von links oben grüßt die Burg *Rabenstein,* unlängst für touristische Zwecke umgebaut. Auf halber Höhe des Hanges über der historischen Neumühle befindet sich der Eingang zur *Sophienhöhle.*

ℹ Gemeinde, 8581 Ahorntal, ☎ 0 92 02/ 2 00.

Entlang am Fuß der Hohenmirsberger Platte (614 m) erreicht man über Mistelgau (Trachteninsel) und Donndorf die B 22 (7 km bis ***Bayreuth*).

# Fichtelgebirge: **Bayreuth – *Bad Berneck – *Bischofsgrün – *Wunsiedel – Marktredwitz – Fichtelberg – *Warmensteinach – Weidenberg – **Bayreuth (120 km)

Diese Route kreist das gesamte Fichtelgebirge ein und führt zudem in seine wichtigsten Zentren sowie in fast alle großen Fremdenverkehrsgemeinden dieser nordbayerischen Ferien- und Urlaubslandschaft.

Von ***Bayreuth* nach Bad Berneck meidet man am besten die seit der deutschen Wiedervereinigung sehr stark belastete Autobahn A 9 Nürnberg – Bayreuth – Hof und bescheidet sich mit der B 2. Es sind nur 11 km bis

***Bad Berneck** (370 m, 5000 Einw.), Kneipp-Heilbad und staatlich anerkannter Luftkurort in klimatisch begünstigter Lage an der Westflanke des Fichtelgebirges. Den Bad-Charakter unterstreichen Kurmittelhaus, Kurpark, Musik- und Wandelhalle sowie Kurhaus. Wichtigste Kuranwendungen sind Physiotherapie (Kneipp), Massagen, Inhalationen, Heilgymnastik u. a.

Den Mittelpunkt des gepflegten Ortsbildes bildet die hochgestellte *Pfarrkirche* (1800). Über dem Ort ragt der *Schloßberg* auf. Auf ihm steht noch der Bergfried der ersten Burg, der *Schloßturm*; darüber die Ruine der *Hohenberneck* (12. und 15. Jh.).

ℹ Städtische Kurverwaltung, 8582 Bad Berneck, ☎ 0 92 73/ 89 16.

*Judenhof in Tüchersfeld (Route 3)*

⌂⌂ »Zur Mühle«; »Goldener Hirsch«.
⌂ »Zur Quelle«; »Merkel«; »Schwarzes Roß« in Goldmühl.
▭, Reiten, Tennis, Radfahren, Skilanglauf.

Ab Bad Berneck benutzt die Route die Bundesstraße 303 entlang dem jungen Weißen Main. Stetig ansteigend erreicht man nach 10 km

**Bischofsgrün** (650–1024 m, 2100 Einw.), staatl. anerk. Luftkurort und bekanntes Wintersportzentrum des Fichtelgebirges. Bischofsgrün liegt zwischen den beiden höchsten Bergen des Fichtelgebirges, Schneeberg (1052 m) und Ochsenkopf (1034 m). Es wurde 1008 erstmals genannt. Die wirtschaftliche Bedeutung, die einst Bergbau und Glasherstellung hatten, ist auf den Fremdenverkehr übergegangen (1700 Betten).

Vom Ort aus führt eine Seilschwebebahn zum *Ochsenkopf* (ganzjähriger Betrieb). Der Ochsenkopf wird von dem für die Rundfunk- und Fernsehversorgung Nordbayerns wichtigen Fernsehturm und dem aus Quadersteinen errichteten Asenturm (mit Unterkunftshaus) überragt.

Außer dem Sessellift führen mehrere gut trassierte Wanderwege auf den Gipfel des Berges, die sich z. T. wie Gewinde auf 1000 m »schrauben«. Vom Ochsenkopf aus bestehen zwei Skiabfahrten: eine schnellere, die Nord-Abfahrt nach Bischofsgrün, und die flachere Süd-Abfahrt nach Fleckl. Parallel zum Sessellift verläuft die 1000 m lange Sommerrodelbahn. Eine zweite Schwebebahn zum Gipfel des Ochsenkopfes verkehrt ab dem Warmensteinacher Ortsteil Fleckl.

ℹ Verkehrsamt im Rathaus, 8583 Bischofsgrün, ☎ 0 92 76/ 12 92.
⌂⌂⌂ »Kaiseralm«. – ⌂⌂ »Deutscher Adler«; »Puchtler«; »Berghof«; »Goldener Löwe« in Wülfersreuth, »Schneider«.
⌂ »Käppel« in Birnstengel; »Höhenluft« in Wülfersreuth.
▭, ≈, ⛷, Tennis, Kneippanlagen, Skischule, Lifte, Flutlicht, dichtes Loipennetz, Sprungschanze für Winter- und Sommerbetrieb, Rodelbahn, Kurpark, Kurmittelhaus.

Die B 305 führt nun genau durch das »Dekolleté« von Schneeberg und Ochsenkopf auf land-

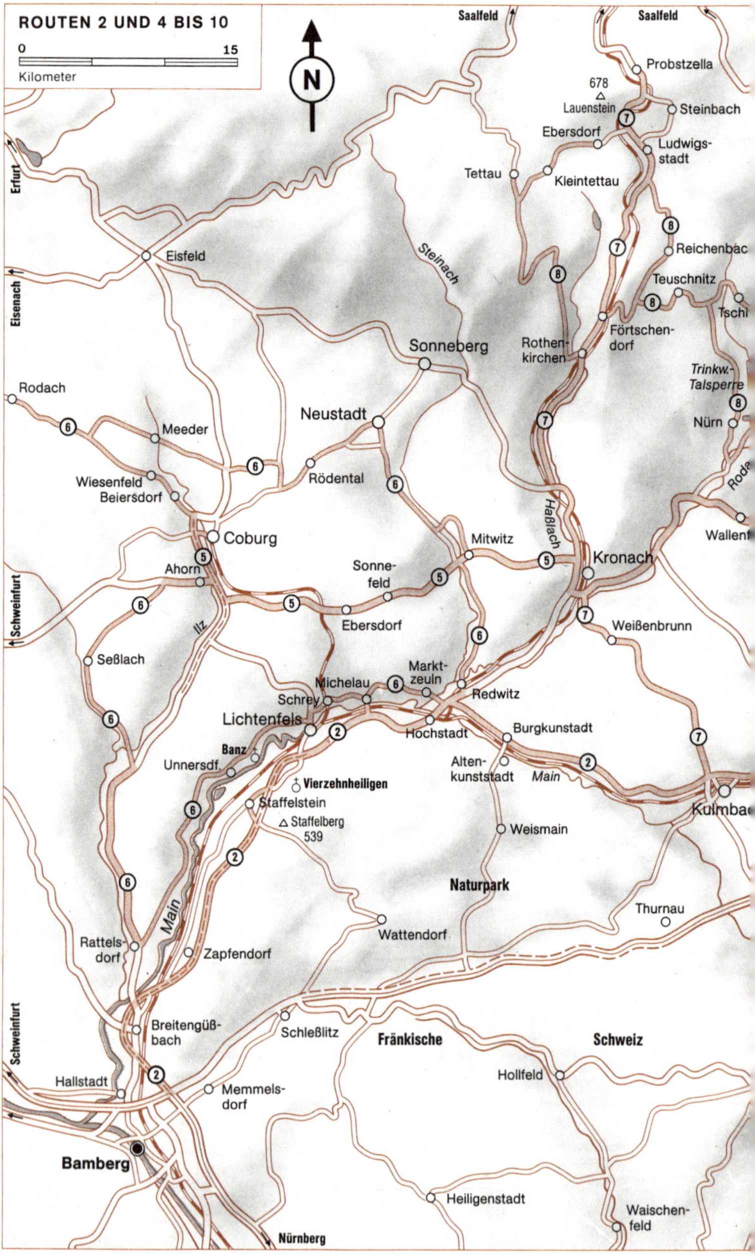

ROUTEN 2 UND 4 BIS 10
0
15
Kilometer
N
Saalfeld
Saalfeld
Probstzella
678
Lauenstein
Steinbach
Ebersdorf
Ludwigs-
stadt
Tettau
Kleintettau
Erfurt
Eisfeld
Reichenbac
Steinach
Teuschnitz
Tschi
Eisenach
Förtschen-
dorf
Rothen-
kirchen
Sonneberg
Trinkw.-
Talsperre
Rodach
Neustadt
Nürn
Meeder
Rödental
Roda
Wiesenfeld
Beiersdorf
Haßlach
Wallen
Coburg
Mitwitz
Kronach
Ahorn
Sonne-
feld
Schweinfurt
Ebersdorf
Weißenbrunn
Ilz
Seßlach
Markt-
zeuln
Michelau
Redwitz
Schrey
Lichtenfels
Hochstadt
Burgkunstadt
Banz
Unnersdf.
Alten-
kunststadt
Main
Vierzehnheiligen
Kulmba
Staffelstein
Staffelberg
539
Weismain
Naturpark
Thurnau
Main
Wattendorf
Rattels-
dorf
Zapfendorf
Schweinfurt
Breitengüß-
bach
Schleßlitz
Fränkische
Schweiz
Hollfeld
Hallstadt
Memmels-
dorf
Bamberg
Heiligenstadt
Waischen-
feld
Nürnberg

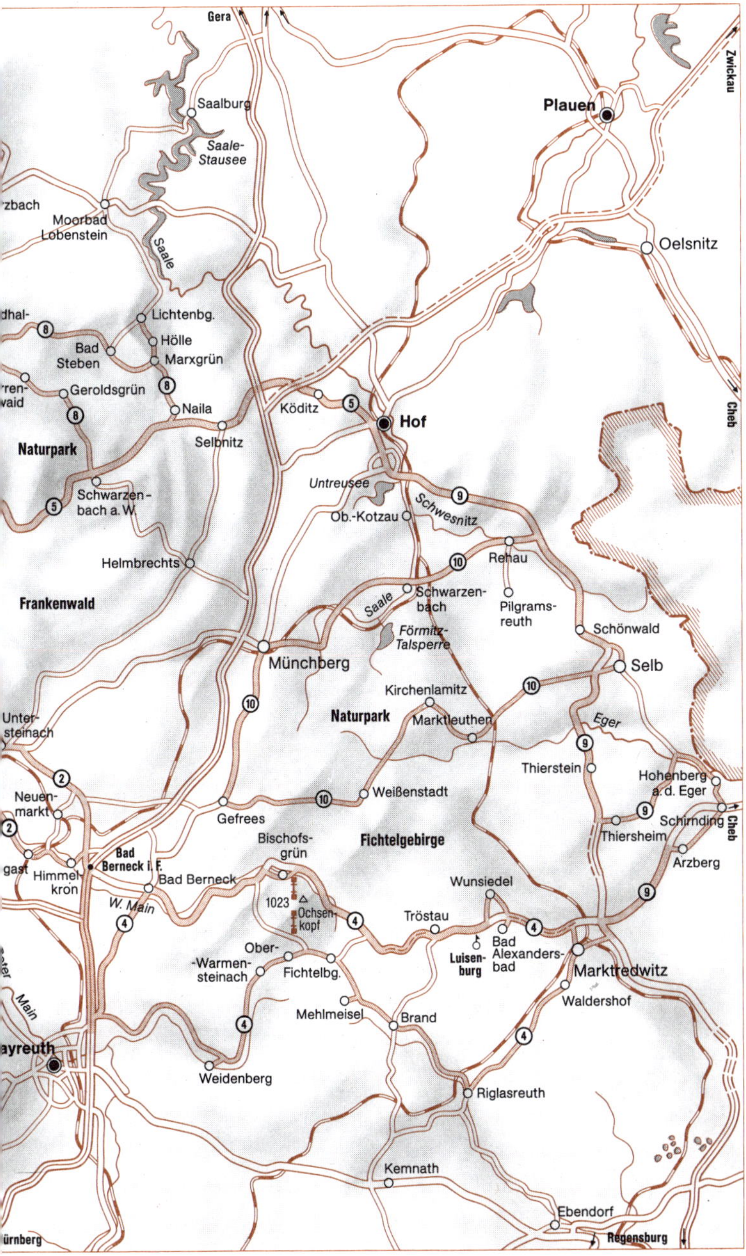
Gera
Zwickau
Plauen
Saalburg
Saale-
Stausee
zbach
Moorbad
Lobenstein
Saale
Oelsnitz
dhal-
Lichtenbg.
Hölle
Bad
Steben
Marxgrün
ren-
vald
Geroldsgrün
Naila
Köditz
Hof
Cheb
Naturpark
Selbnitz
Untreusee
Schwarzen-
bach a. W.
Ob.-Kotzau
Schwesnitz
Rehau
Helmbrechts
Frankenwald
Saale
Schwarzen-
bach
Pilgrams-
reuth
Förmitz-
Talsperre
Schönwald
Münchberg
Selb
Kirchenlamitz
Unter-
steinach
Naturpark
Marktleuthen
Eger
Thierstein
Hohenberg
a. d. Eger
Neuen-
markt
Weißenstadt
Gefrees
Schirnding
Cheb
Thiersheim
Bischofs-
grün
Fichtelgebirge
Arzberg
Bad
Berneck i. F.
gast
Himmel-
kron
Bad Berneck
Wunsiedel
W. Main
1023
Ochsen-
kopf
Tröstau
Bad
Alexanders-
bad
Luisen-
burg
Ober-
-Warmen-
steinach
Fichtelbg.
Marktredwitz
Waldershof
Main
Mehlmeisel
Brand
ayreuth
Weidenberg
Riglasreuth
Kemnath
Ebendorf
ürnberg
Regensburg

schaftlich reizvoller Straße durch den Wald mit gelegentlichen Ausblicken. Nach gut 10 km folgt

**Tröstau** (545 m, 2600 Einw.), eine schön gelegene Sommerfrische auf immergrünem Präsentierteller. Im Ortsteil Leopoldsdorf befindet sich ein altes Schloß; die sog. Zinngräben erinnern an den Bergbau, der früher hier betrieben wurde.

Gemeindeverwaltung, 8591 Tröstau, 0 92 32/ 22 16.
(Waldbad), Angeln, Reiten, Flugsport mit Rundflügen, Ski, Eislauf, Bauernmalerei-Kurse.

Auf einem »Abschneider« kommt man 4 km weiter nach

***Wunsiedel** (550–939 m, 10 000 Einw.), auch Sechsämterstadt genannt, weil sie die Mitte des ehemaligen Sechsämterlandes der Markgrafen von Bayreuth war. Die Kreisstadt ist der zentrale Ort im inneren Fichtelgebirge. Auch als Festspielstadt hat Wunsiedel einen hohen Bekanntheitsgrad. Leider vernichtete ein schlimmer Brand 1834 das historische Stadtbild. Er gab den Wunsiedlern allerdings auch die Chance, ihre Stadt im einheitlichen Stil des Klassizismus wieder aufzubauen. Das Ergebnis ist eine harmonische, gemütliche Innenstadt. Sehenswert sind die gotische, 1740 barock umgestaltete *Stadtkirche St. Veit* und das *alte Spital,* Stiftung eines Blechverzinners (15. Jh.). Im Spital ist das *Fichtelgebirgsmuseum* untergebracht, dessen Sammlungen einen interessanten Überblick über Geschichte, Brauchtum und Wirtschaft des Fichtelgebirges geben. Auch eine Mineraliensammlung gehört zu den Exponaten. Ein Jean-Paul-Denkmal erinnert an den 1763 hier geborenen Dichter.

Jenseits der B 303 befindet sich die **Luisenburg,* ein Felsenlabyrinth, das wie ein Spielplatz von Riesen aussieht. Die von der Erosion glattgeschliffenen Steinblöcke türmen sich zu dramatischen Felsenbildern, von denen bereits Goethe beeindruckt war. Wanderwege erschließen das Labyrinth, in dessen Mitte die Naturbühne der Luisenburg gestellt ist. Die **Luisenburgfestspiele* finden jeweils von Juni bis August statt; sie haben hohen künstlerischen Rang. Die fast 1800 Personen fassenden Zuschauertribünen sind überdacht. Die Luisenburg liegt zu Füßen der *Kösseine* (939 m; Schutzhaus), die einer der höchsten und schönsten Aussichtsberge des Fichtelgebirges ist.

Verkehrsamt, Jean-Paul-Straße, 8592 Wunsiedel, 0 92 32/ 21 61.
Station Holenbrunn an der Strecke Marktredwitz – Selb.
»Juliushammer«
»Wunsiedler Hof«; »Kronprinz v. Bayern«.
mehrere Gasthöfe.
, . – Freizeit- und Erholungszentrum Katharinenberg, Sportteich, Ruderboote, Tennis, Angeln, Reiten, Ski und Rodel, Eissport.
*Veranstaltungen:* Brunnenfest am Samstag vor Johanni (14. Juni).

Der Luisenburg ist nach Osten zu

**Bad Alexandersbad** (590 m, 1300 Einw.) direkt benachbart (30 Min. zu Fuß). Das staatl. anerkannte Heilbad, zugleich staatl. anerkannter Luftkurort, hat Kurmittelhaus, Trinkhalle, Kurpark, Konzertplatz, Haus des Gastes. Als wichtigste Kuranwendungen werden Mineral- und Moorbäder, Moorpackungen und Trinkkuren genannt. Bad Alexandersbad ist ein historisches Bad. Es wurde 1783 zur Markgrafenzeit gegründet, um die nach der preußischen Königin Luise benannte Luisenquelle, eine eisenhaltige Kohlensäurequelle, zu nutzen. Aus dieser Zeit stammt das markgräfliche Schloß. Die dörflichen Strukturen der Gegend werden im Ortsteil Kleinwendern in dem dortigen *Dorfmuseum* deutlich.

Kurverwaltung im Haus des Gastes, 8591 Bad Alexandersbad, 0 92 32/ 26 34.
»Alexandersbad«. – »Kur- u. Sporthotel«.
»Roglermühle« (garni); »Riedelbach« in Kleinwendern.
(Waldbad), Tennis, Reiten, Ski nordisch, dichtes Netz von Wanderwegen.

Auf der B 303 sind es noch 6 km nach Marktredwitz. Dort ist die »Fichtelgebirgsstraße« – so wird die B 303 von Bad Berneck ab genannt – zu Ende.

**Marktredwitz** (480–660 m, 18 500 Einw.) ist Einkaufs- und Wirtschaftszentrum auf der Ostseite des Fichtelgebirges. Von hier aus sind es 20 km zur deutsch-tschechischen Grenze bei Schirnding. Die Stadt hat eine interessante Geschichte: 1140 erstmals urkundlich erwähnt, gehörte sie bis 1816 als bayerische Enklave zur böhmischen Stadt Eger jenseits der heutigen Staatsgrenze. – Im Stadtbild sind zahlreiche Sehenswürdigkeiten erhalten geblieben, so das Alte Rathaus (14. Jh.) mit einem originellen Uhrturm, das Neue Rathaus (18. Jh.), die St.-Bartholomäuskirche (14. Jh.) mit Sakramentshäuschen von 1490 und die von Kaiserin Maria Theresia gestiftete Theresienkirche (1777). Die einstigen Bindungen zu Eger unterstreicht das Egerland-Museum.

Städt. Fremdenverkehrsbüro, Altes Rathaus, 8590 Marktredwitz, 0 92 31/ 5 01–1 27.

🚌 nach Bayreuth, Hof, Selb, Weiden.
🏨 »Marktredwitzer Hof«; »Bayer. Hof«.
⌂ »Waldstadion«; »Triebel«.
Hallenbad, Freibad, Angeln, Tennis, Reiten, Ski nordisch, Wandern, Radwandern ohne Gepäck.
*Veranstaltungen:* Egerlandtag (Aug./Sept.), Volks- und Schützenfest (Juni/Juli).

Die Route folgt nun auf einem etwa 15 km langen Stück der Bayerischen Ostmarkstraße über Waldershof nach Riglasreuth, dort rechts ab nach

**Brand** (600–700 m, 1200 Einw.), staatl. anerkannter Erholungsort und Geburtsort des Komponisten Max Reger, dessen Geburtshaus kenntlich gemacht ist.

ℹ Fremdenverkehrsverein, 8591 Brand, ☎ 0 92 36/ 2 06.
Freibad, Tennis, Ski und Eislauf, Rodelbahn, Wanderwege.

Einen hohen Bekanntheitsgrad hat in den letzten Jahren das 4 km entfernte

**Mehlmeisel** (630–830 m, 1850 Einw.) erreicht. Der staatl. anerkannte Erholungsort zählt zu den Wintersportzentren des Fichtelgebirges mit drei Schleppliften, FIS-zugelassener Slalomstrecke, Flutlichtanlagen, Skischule und dichtem Loipennetz. Neu ist das Freizeitzentrum »Klausenalm«. Am Bayreuther Haus über dem Slalomhang befindet sich ein Wildgehege.

ℹ Verkehrsamt, 8591 Mehlmeisel, ☎ 0 92 72/ 2 62.

Nächstgrößerer Ort auf unserer Route ist

**Fichtelberg** (640–800 m, 2900 Einw.), ebenfalls ein Luftkur- und Wintersportort (Langlaufzentrum). Hier ist auch der Sitz der Tourist-Information Fichtelgebirge. Der Ort liegt günstig zwischen Ochsenkopf und Platte (885 m), auch zum Schneeberg und zur Kösseine ist es nicht weit. Das gleiches gilt auch vom romantischen Fichtelsee.

Zu den Sehenswürdigkeiten des Ortes zählen die barocke *Pfarrkirche*, eine Mariensäule, die Bergamtskirche, etliche *Ingenieurbauwerke* aus dem 18. Jh. und vor allem das *Besucherbergwerk* »Gleißinger Fels«, das früher ein Silber-Eisenbergwerk war. Klein, aber interessant und originell ist das *Knopfmuseum.*

ℹ Verkehrsamt, 8591 Fichtelberg, ☎ 0 92 72/ 3 53.
🚌 nach Bayreuth und Marktredwitz.
🏨🏨 »Schönblick«. – 🏨 »Specht« in Neubau; »Waldhotel am Fichtelsee«.
⌂ »Zum Fichtelsee«; »Sonne«, beide im Ortsteil Neubau.
Hallenbad (Außenbecken auch im Winter), Reithalle, Ski alpin/ nordisch, Jugendsprungschanze, Flutlichtloipe, Skischule, Eislauf. – Camping.
*Veranstaltungen:* Altfränkisches Brotbacken im Ortsteil Hüttstadl-St. Veit (Aug.); Oktoberfest (Sept.).

Ab Fichtelberg benutzen wir für ein kurzes Stück eine neue Tourismusstraße: die Glasstraße. An Fleckl vorbei, der Talstation der Seilschwebebahn Ochsenkopf-Süd, und durch Oberwarmensteinach führt die Route nun nach

***Warmensteinach** (550–1024 m, 3000 Einw.), dem mit rund 3000 Betten größten Fremdenverkehrsort des Fichtelgebirges mit 10 Hotels und einer Fülle von Pensionen und Gasthäusern. Hier ist auch das Leistungszentrum für die nordischen Skidisziplinen, und hier steht ebenfalls die größte Sprungschanze Nordbayerns. Der staatl. anerkannte Luftkurort bietet vor allem den Alpinskifahrern sehr gute Bedingungen: zehn Schlepplifte, Flutlicht. Sehenswert sind das *Glasmuseum*, die *Dreifaltigkeitskirche* am Dürrberg und die *Kirche* im Ortsteil Oberwarmensteinach.

ℹ Verkehrsamt, 8581 Warmensteinach, ☎ 0 92 77/ 14 01 oder Verkehrsamt Oberwarmensteinach, ☎ 0 92 77/ 3 23.
🚌 nach Bayreuth.
🏨 »Krug«; »Sporthotel Fleckl«; »Sonnenbichl«; »Goldener Stern« in Oberwarmensteinach; »Krafts Berggasthof« in Fleckl.
⌂ »Steinachstübl«; »Wetzstein« u. a.
Hallenbad, Freibad (Waldmoorbad in Fleckl), Kurpark, Tennis, Reiten, Gleitschirmfliegen, Angeln, Ski alpin und nordisch (Nachtloipe), Skischulen, Sommersprungschanze, Rodeln, Haus des Gastes, Physiotherapie nach Kneipp.
*Veranstaltungen:* Pokallangläufe, Gebr.-Wehrmann-Gedächtnisspringen (Silvester), Internationaler Alpencup (Febr.).

Auf der Glasstraße, immer im Steinachtal bleibend, führt die Route nun aus dem Fichtelgebirge hinaus und erreicht bald das weite Bruchschollenland um Bayreuth. Letzter größerer Ort ist

**Weidenberg** (420–810 m, 5700 Einw.), zugleich auch letzter Erholungsort auf dieser Tagesstrecke. Die *Stadtpfarrkirche* besitzt einen schönen Kanzelaltar von 1780. Der Obere Markt wird von historischen Bürgerhäusern geprägt.

Gleich hinter Weidenberg ist das Fichtelgebirge endgültig zu Ende.

# Frankenwaldstraße: **Coburg – *Kronach – Wallenfels – Schwarzenbach – Naila – Hof (85 km)

Diese Route durchquert nahezu das gesamte nördliche Oberfranken. Der Startort Coburg liegt nur wenige Kilometer von der Landesgrenze nach Thüringen entfernt, vom Zielort Hof ist es nicht weit hinüber nach Sachsen. Ständiger Begleiter auf der Route ist der Frankenwald.

Von ***Coburg* aus fährt man zunächst auf der B 4 rund 4 km weit nach Süden in Richtung Bamberg, dann auf der B 303 links ab nach Osten in Richtung Kronach. Erster größerer Ort ist

**Ebersdorf b. Coburg** (288–407 m, 5600 Einw.). Dominierender Wirtschaftszweig ist hier die Polstermöbelindustrie, außerdem werden Tonerzeugnisse und Verpackungsmaterial hergestellt. Sehenswert ist das 300 Jahre alte, vorbildlich sanierte *Wankhaus*; die *Dorfkirche* ist reich ausgemalt. Die Gemeinde hat ein Naherholungsgelände angelegt, Rollschuhplatz und Eislaufplatz sind vorhanden.



🛈 Gemeinde, 8632 Neustadt b. Coburg, ☎ 0 95 62/ 3 85-2 21.
🚌 nach Coburg und Lichtenfels.

Sehr reizvoll am Südrand des Thüringer und des Frankenwaldes liegt der aufstrebende Industrieort

**Sonnefeld** (290 m, 5000 Einw.). Hier werden Polstermöbel, Bekleidung und Korbwaren gefertigt. Der Ort ist erstmals 1252 erwähnt. 1260 gründet Heinrich von Sonneberg ein Zisterzienserinnenkloster, das von Maidbronn aus besiedelt und nach dem Brand von 1287 in das heutige Sonnefeld verlegt wird, wo es bis zur Reformation besteht.

Die *Klosterkirche* entstand in der ersten Hälfte des 14. Jhs.; der das Langhaus hoch überragende Chor ist wohlerhalten. Ein Kunstwerk allein rechtfertigt bereits den Besuch: der *Bildgrabstein für Gräfin Anna von Henneberg, wahrscheinlich ein Werk des Meisters, der das Epitaph für Bischof von Truhendingen im Bamberger Dom schuf. Auch die übrigen in der ehemaligen Klosterkirche geborgenen Grabmäler sind beachtenswert. Von den Klostergebäuden stehen nur noch das ehemalige Dormitorium (Schlafhaus), die Sakristei und der Kapitelsaal.

🛈 Gemeindeverwaltung, 8625 Sonnefeld.
🏊, Tennis, Reitstadion.

Auf der B 303 erreicht man nach 6 km

**Mitwitz** (300 m, 3000 Einw.), einen lebhaften Marktort am Fuß des Frankenwalds und Mittelpunkt des von dem Flüßchen Steinach gebildeten Tales. Sehenswert ist hier vor allem das im Stil der Renaissance gebaute, kunstgeschichtlich bedeutende (untere) *Schloß*, eines der schönsten Wasserschlösser Frankens. Besichtigung Mai bis Sept. an den Wochenenden.

In der Mitte des Marktes stehen schöne Fachwerkhäuser. Die evangelisch-lutherische *Pfarrkirche* ist ein Werk der Spätgotik.

Ein uriges Wanderziel von Mitwitz aus sind die »Schäferstub'n« in Häusles, ein Holzhaus im Frankenwaldstil mit angeschlossener Schäferei, das wegen seiner deftigen Brotzeiten gern besucht wird.

🛈 Fremdenverkehrsverein, 8621 Mitwitz, ☎ 0 92 66/ 7 15.
🏨 »Bächlein«; »Wasserschloß«.
Tennis, Reiten, Fahrradverleih.
*Veranstaltungen:* Schloßparkfest Anfang Juli, Schützenfest Ende Juli.

*Die Festung Kronach*

Nach rund 9 km erreicht man, immer an der Südflanke des Frankenwaldes entlangfahrend, den Hauptort des Frankenwaldes, die Kreisstadt

***Kronach** (Beschreibung s. S. 55).

Von Kronach aus verläuft unsere Route nun auf der Bundesstraße 173. Stadtauswärts rechter Hand liegen die Werke von Loewe Opta, dem größten Industriebetrieb im Frankenwald.

Wer Lust hat auf eine originelle Einkehr, der verlasse in der Ortschaft Zeyern die Bundesstraße und fahre links ab hinauf zum »Häusla« (auf die Beschilderung achten). Diese Ausflugsgaststätte liegt hoch auf dem Südhang des Frankenwaldes über dem Tal der Wilden Rodach und gewährt den Besuchern einen phantastischen Blick auf das Gewoge des Waldgebirges und hinaus in das Land am Oberen Main. Und gute Brotzeiten gibt es auch.

Wieder zurück auf der B 173 erreicht man als nächste Stadt den Flößerort

**Wallenfels** (365 m, 3700 Einw.). Das 600 Jahre alte Städtchen – die Länge der markierten Wanderwege in seiner Umgebung beträgt stattliche 300 km – hat als Ferienort eine Tradition, die ins 19. Jh. zurückreicht. Und Tradition hat in Wallenfels auch die Flößerei, ein sehr hartes Gewerbe, das noch bis in die dreißiger Jahre unseres Jahrhunderts betrieben wurde, dann aber ausstarb und heute nur noch Idylle und Erinnerung ist.

Die mächtigen Baumstämme aus dem Frankenwald wurden über Rodach und Main bis Bamberg geflößt, dort zu großen Flößen zusammengebunden und bis nach Holland gebracht. Die Reise main- und rheinabwärts dauerte mehrere Wochen. Kein Wunder, daß die Flößer für die lange und langsame Reise auch mehrere Fässer Bier von daheim mit »an Bord« nahmen, doch ging es ihnen meist unterwegs aus. Die Zahl der Geschichten, die man sich im Frankenwald heute noch über die Flößer zu erzählen weiß, ist Legion.

Wer Lust hat, kann als Tourist wenigstens an einer nostalgischen Floßfahrt teilnehmen; Startort ist Wallenfels. Die Teilnehmer müssen sich allerdings auf eines gefaßt machen: trocken bleibt man nicht. Das Floß-Angebot gilt von Mai bis Okt. jeweils an den Wochenenden. Ein Heidenspaß!

Verkehrsamt, 8649 Wallenfels, 0 92 62/ 5 51.

»Lorchenmühle«; »Christina«.
»Wirtshannla«; weitere Gasthäuser und Pensionen.
*Veranstaltungen:* Schützenfest im Juni, Kirchweih im Juli und »Rodach in Flammen« im August.

Die Straße führt nun tief in den Frankenwald hinein. Rechter Hand ragt die höchste Erhebung des Frankenwaldes auf, der fast 800 m hohe Döbraberg (Wintersportzentrum). Und bald folgt auch der höchstgelegene Ferienort im Naturpark Frankenwald, nämlich

**Schwarzenbach am Wald** (430–730 m, 6400 Einw.). Tiefe Waldgründe und weite, freie Wiesenflächen bestimmen das Bild der abwechslungsreichen Landschaft. Rund um Schwarzenbach gruppiert sich ein Kranz kleiner Ferienorte mit hohem Erholungswert.

An Wandermöglichkeiten und -vorschlägen herrscht auch hier kein Mangel, Skilangläufer finden eine Fülle von Loipen, und es gibt mehrere Skipisten mit Schleppliften.

»Zur Mühle«.
»Fels«; »Forsthaus«; »Rodachtal«; »Zum Zegastal«.
, Tennis.
*Veranstaltungen:* Volks- und Schützenfest im Juli.



Es folgt *Naila* (s. S. 58). Fast mit Naila zusammengebaut ist

**Selbitz** (510–640 m, 5300 Einw.). Die Kleinstadt bildet den östlichen Eingang zum Frankenwald.

nach Hof und Bad Steben.
»Sellanger«. – »Weiß«.
, Tennis, Angeln.

Hinter Selbitz überquert die B 173 die Autobahn München – Berlin (A 9) und erreicht bald den Großraum Hof. Schon zwischen Frankenwald und Fichtelgebirge liegt

**Köditz** (2300 Einw.) im Tal der Sächsischen Saale. Im Ortsteil Joditz hat das Naherholungszentrum Auensee großen Zulauf, vor allem wegen des 3,6 ha großen Badebereichs in idyllischer Lage.

Verkehrsverein Auenthal, in Joditz, 8671 Köditz, 0 92 81/ 6 64 44 oder 0 92 95/ 252.
, Reiten.

Nun sind es gerade noch 10 km bis *Hof* (Stadtbeschreibung s. S. 30).

# Coburger Land: **Coburg – *Seßlach – Rattelsdorf – **Kloster Banz – Redwitz – Neustadt b. Coburg – Coburg (140 km)

Diese Route hat, von Kloster Banz abgesehen, keine spektakulären Höhepunkte, dafür führt sie auf sehr eindrucksvolle Weise in den kulturellen Reichtum des Coburger Landes und des Landes am Obermain ein und gibt, weil sie sich meist verkehrsarmer Nebenstraßen bedient, zugleich einen Überblick über eine sehr abwechslungsreiche Mittelgebirgslandschaft.

Von Coburg führt der Routenvorschlag zunächst auf der B 303 über *Ahorn* (siehe unter »Ausflüge« bei Coburg, S. 29) nach Westen, dann auf Höhe Dietersdorf links ab ins Tal der Rodach nach

***Seßlach** (271 m, 3800 Einw.), auch das »oberfränkische Rothenburg« genannt. Das Städtchen ist heute noch von seiner nahezu geschlossen gebliebenen Stadtmauer umgeben. Drei Stadttore führen in den mittelalterlichen Kern, wo vor allem die Fürstbischöflich Würzburgische *Salzfaktorei* von 1714, die *Pfarrkirche* aus dem 14. Jh. mit Kreuzigungsgruppe (um 1390) und gotischem Schnitzaltar von 1510 und schöne Fachwerkhäuser sehenswert sind. Seßlach wird schon um 800 genannt, 1335 wird es zur Stadt erhoben. In der Nähe befindet sich das *Schloß Geyersberg*.

6

🛈 Stadtverwaltung, 8601 Seßlach, ☎ 0 95 69/ 7 17.
🚌 Coburg.
⌂ »Hotel-Restaurant Mally«, Gasthöfe. – ⛺.

Von Seßlach aus sind es gerade 7 km zur B 4, Richtung Bamberg. Die Straße verläuft im Tal der Itz, die im südlichen Thüringen ihren Ursprung hat. Nach 14 km folgt der Markt

**Rattelsdorf** (253 m, 3700 Einw.), eine sehr alte Siedlung, die schon 783 als Fuldaer Besitz erwähnt wird. Schöne Fachwerkhäuser und eine barock-bewegte Marienfigur von Ferdinand Tietz (1765) zieren den Marktplatz. Zum historischen Baubestand zählen ferner die Reste der Befestigung des ehemaligen Michaelsberger Klosterhofes, ein Torturm und ein originelles Torhaus.

Von Rattelsdorf aus verläuft die Strecke nun maintalaufwärts, und zwar auf Nebenstraßen, die kaum Verkehr tragen, immer am rechten, dem westlichen Ufer des Flusses entlang. Die »Einfahrt« erfolgt am günstigsten vom Rattelsdorfer Marktplatz aus. Die Strecke führt über Oberbrunn, Wiesen und Unnersdorf, immer dem Main und seinen Baggerseen folgend. Bald tauchen die Türme von Kloster Banz auf, das von Unnersdorf aus auf steiler, aber gut befahrbarer Straße erreicht wird.

****Kloster Banz** (414 m) ist eine ehemalige Benediktinerabtei. Von seiner Monumentalität her kann es nur mit Melk an der Donau verglichen werden. Gleich diesem liegt es hoch über einem Fluß, gleich Melk zählt Kloster Banz auch zu den Meisterwerken des Barock.

Das ehemalige Kloster ist nun im Besitz der Hanns-Seidel-Stiftung. Diese nützt es als Bildungsstätte (Pendant zum oberbayerischen Wildbad Kreuth). Mit der Umwidmung ging eine umfassende Sanierung einher, die das Klosterareal vor dem bereits als sicher geltenden Verfall bewahrt hat. Die Sanierung von Banz zählt zu den erstaunlichsten Leistungen der bayerischen Denkmalpflege; sie dauert derzeit noch an.

Das Kloster hat eine wechselvolle Geschichte. Auf dem Banzer Berg stand im 10. Jh. eine Höhenburg der Schweinfurter Grafen. Gräfin Alberada verwandelte 1069 die Burg in ein Benediktinerkloster und übergab dieses in die weltliche Herrschaft des Hochstifts Bamberg. Geistlich gehörte Banz hingegen zum Fürstbistum Würzburg. Seine Hochblüte fiel in das 17. und 18. Jh. Seine gelehrten Mönche, die mehrere wissenschaftliche Sammlungen, so die heute noch zugängliche *Petrefaktensammlung*, und eine überaus bedeutsame Bibliothek betreuten, mehrten den Ruf der mönchischen Gemeinschaft als eines geistig-kulturellen Zentrums am Obermain.

Parallel dazu erfolgte der Bau der Klostergebäude ab 1695 durch Johann Leonhard Dientzenhofer und Johann Dientzenhofer (Kirche). Der Bamberger Meister Küchel schloß den großen Ehrenhof durch einen kunstvollen Torbau und die Seitenflügel. Ein großer Teil der Banzer Schätze wurde nach der Säkularisation (1803) verschleudert. 1814 erwarb Herzog Wilhelm von Bayern das Kloster und nutzte es als Sommerschloß.

Das Innere der Klosterkirche gleicht wegen des extrem hohen und schlanken Mittelschiffes einer barock-gewaltigen Schlucht. Der Stuck stammt von dem Bamberger Meister J. J. Vogel, das Deckenfresko von dem Tiroler Melchior Steidl, der Hochaltar ist ein Werk des Würzburgers Esterbauer (1714). Im Abtsbau selbst sind vor allem Kaisersaal und Abtskapelle sehenswert. Führungen sind wegen der Nutzung des Klosters als Bildungsstätte nur bedingt möglich. Schriftliche Anmeldung für Gruppen ist an die Hanns-Seidel-Stiftung, Bildungszentrum Kloster Banz, ☎ 0 95 73/ 3 37-0, zu richten. Führungen durch die Klosterkirche vermittelt Frau Hammerich, ☎ 0 95 73/ 73 11. Die Klostergaststätte links vom Eingangsbau ist von März bis Oktober zugänglich. – Zahlreiche Wanderwege führen in die Banzer Berge.

ℹ Verkehrsamt Staffelstein, 8623 Staffelstein, ☎ 0 95 73/ 41 92.
Bahnhof Staffelstein, Verbindungen nach Lichtenfels, Coburg und Bamberg.

Die Abfahrt von Kloster Banz nach Norden, in Richtung Lichtenfels, ist schwungvoll und steil. Der Blick reicht weit hinaus ins Maintal, auf den Fluß, die Baggerseen und das gewerbefleißige Korbmacherstädtchen Lichtenfels, das aber rechts liegenbleibt. Ab der Stadteinfahrt an der Mainbrücke wird ein kleines Stück lang die B 289 benutzt, dann geht es wieder rechts ab nach Schney und weiter nach

**Michelau** (268 m, 6400 Einw.). Hier stand die Wiege der deutschen Feinkorbmacherei. Voraussetzung war die 1773 ebenfalls in Michelau erfolgte Erfindung des Weidenhobels. 1928 wurde das *Deutsche Korbmuseum* gegründet, das nach 1945 wesentlich erweitert und ausgebaut wurde. Es gibt einen interessanten Überblick über die Korbflechterei gestern und heute.

ℹ Gemeinde, 8626 Michelau, ☎ 0 95 71/ 8 80 01.
Kronach – Kulmbach, Lichtenfels. – ⌂.

In Schwürbitz verläßt die Fahrtroute das Maintal, dem sie bislang getreu gefolgt ist, und führt zunächst nach *Marktzeuln*, das bereits an dem Frankenwaldflüßchen Rodach liegt und durch sein reichhaltiges Fachwerk auffällt. Schönstes Gebäude ist das historische Fachwerkrathaus. Die Straße überquert die Rodach und mündet dann für ein kurzes Stück in die B 173 Richtung Kronach. Von dieser geht es links ab nach

**Redwitz** a. d. Rodach (278 m, 1200 Einw.), einer Industriegemeinde mit einem Siemens-Zweigwerk. Die Reichsherren von Redwitz hatten hier seit 1248 einen schloßartigen Besitz. Die Redwitz zählten zu den großen fränkischen Adelsgeschlechtern; einer von ihnen war Fürstbischof von Bamberg. Von Redwitz aus geht es in nördlicher Richtung am Frankenwaldflüßchen Steinach entlang. Die Landschaft wird bewegter, der Frankenwald ist nahe. Nach rund 10 km folgt *Mitwitz* (S. 50). Nach weiteren 10 landschaftlich sehr abwechslungsreichen Kilometern erreicht man die zweitgrößte Stadt des Coburger Landes,

**Neustadt b. Coburg** (344 m, 16 400 Einw.), genannt die »bayerische Puppenstadt«. Neustadt lag bis zur deutschen Wiedervereinigung von 1990 unmittelbar an der innerdeutschen Grenze. Nun versteht es sich wieder als Brücke hinüber ins Thüringische; Sonneberg liegt nur einen Katzensprung entfernt. Wichtigster Industriebetrieb ist das Siemens-Kabelwerk; außerdem werden hier Spielwaren (Puppen) und Christbaumschmuck hergestellt. Die Kleinstadt ist durch eine schöne Lage an den Vorbergen des Frankenwaldes und des Thüringer Waldes ausgezeichnet. Meistbesuchte Sehenswürdigkeit ist das *Museum der deutschen Spielwarenindustrie* mit Trachtenpuppen aus aller Welt; Märchenschau mit lebensgroßen Figuren. Beachtung verdient die *Kirche* im Ortsteil Fechheim.

ℹ Fremdenverkehrsbüro, 8632 Neustadt b. C., ☎ 0 95 68/ 81-2 03.
nach Coburg.
⌂ »Grenzgasthof Bätz«, Stadtteil Fürth am Berg; »Gästehaus Heidehof«, Stadtteil Wellmersdorf.
(Wellenbad), , Fahrradverleih, Freizeit- und Erholungszentrum.

*Redwitz*

6

In Richtung Coburg folgt nach gut 5 km

**Rödental** (330 m, 12 600 Einw.), Bayerns jüngste Stadt, Heimat der weltbekannten Hummelfiguren; die Straße führt direkt am Goebel-Werk vorbei. Betriebsbesichtigungen – auch der Puppenfabriken – sind möglich. Zu den Sehenswürdigkeiten zählen *Schloß Rosenau*, Geburtsstätte des Coburger Prinzen Albert, des Gemahls der englischen Königin Viktoria; das ehem. *Benediktinerkloster Mönchröden*, die *Domäne Oeslau* und die *St.-Johanneskirche.*

ℹ Stadtverwaltung am Bürgerplatz, 8633 Rödental, ☎ 0 95 63/ 9 60.
🚌 nach Coburg. – Reithalle, Tennis, ⛾.

Von Rödental aus sieht man bereits die Veste Coburg. Ihrer fast suggestiven Anziehungskraft widerstehend, führt unser Routenvorschlag zunächst in nordwestlicher Richtung nach

**Meeder** (320 m, 3600 Einw.). Hier gibt es ein einzigartiges Museum, das *»Friedensmuseum«;* in ihm wird insbesondere dargestellt, wie es zum Augsburger Religionsfrieden kam, der in Meeder seit 1651 alljährlich beim traditionellen Friedensfest beschworen wird (Museum täglich geöffnet, ℹ: ☎ 0 95 66/ 2 26). Sehenswert ist auch das *Gretenhaus,* ein Torhaus mit reichem Fachwerk. Ein originelles Äußeres hat die evangelische *Pfarrkirche.* Hier sei eingefügt, daß in den Orten, die auf dieser Route durchfahren werden, viele Hausfassaden verschiefert sind – ein eindeutiges Indiz für die Nähe zum Frankenwald. – Die letzte Station auf der Fahrt durchs Coburger Land ist der Markt

**Rodach** (296 m, 6200 Einw.), staatlich anerkannter Erholungsort mit Heilquellenbetrieb. Rodach hat einen mittelalterlichen Stadtkern, vor allem der Marktplatz mit Brunnen bildet ein geschlossenes Ensemble. Die Umgebung des Marktortes ist bestes Wanderland. Vom nahen *Aussichtsturm* sieht man weit hinüber nach Thüringen mit der nächstgelegenen Stadt Hildburghausen und den beiden Gleichbergen, die bereits auf fast 700 Meter Höhe ansteigen. Beliebt ist auch der neuerdings angelegte *Kräutergarten.* Wichtigster Anziehungspunkt Rodachs ist das neue *Thermalbad.* Die 34°C warme Therme speist zwei Innen- und ein Außenbecken, in dem man auch winters im Freien schwimmen kann. Seit dem Wegfall der innerdeutschen Grenze wird das Rodacher Bad auch stark aus Ostdeutschland, v. a. Thüringen, besucht. Analog dazu ist das Bettenangebot deutlich gestiegen.

ℹ Kurverwaltung, 8634 Rodach, ☎ 0 95 64/ 15 50.
🚌 nach Coburg.
🏨 »Kurhotel am Thermalbad«; »Zur alten Molkerei«; »Alt Rodach«.
⌂ »Wacker«; »Rodacher Hof«; »Fadler«; »Tannleite«.
Reiten, Tennis, Nachtwächterrundgänge.

Zurück nach Coburg sind es rund 20 km. Um nicht die gleiche Strecke wie bei der Hinfahrt benutzen zu müssen, wähle man den Weg über Wiesenfeld, Sulzdorf und Beiersdorf. Bald taucht auch wieder die »Krone Frankens« auf: Sie weist auf der restlichen Strecke den Weg. Informationen über Coburg s. S. 27.

6

7

# Route 7

## Bier- und Burgenstraße: *Kulmbach – *Kronach – Ludwigsstadt – Saalfeld (100 km)

Die Bier- und Burgenstraße ist eine der Hauptverkehrsadern des Frankenwaldes. Wer ihr touristisches Repertoire voll ausschöpft, lernt zwölf Brauereien und drei großartige Burgen kennen, außerdem ein Wasserschloß. Zugleich erschließt die Strecke eine Landschaft von herbem Charme. Seit 1991 ist die Bier- und Burgenstraße ins Thüringische verlängert und endet nun in Saalfeld.

Startort und zugleich wichtigste Station auf der Bier- und Burgenstraße ist

***Kulmbach** (s. S. 40). Von dort aus führt das erste Teilstück der Bier- und Burgenstraße an der Frankenwald-Südflanke entlang. Mit Ausnahme eines Abstechers nach Mitwitz benutzt man ausschließlich die B 85. Die nächste »Bierstation« ist

**Weißenbrunn** (325 m, 3000 Einw.). Hier stehen zwei stattliche Brauereien in unmittelbarer Nachbarschaft. Der Dorfbrunnen nahe der alten Wehrkirche mit einer Nixe, aus deren Brüsten Wasser spritzt, wird vom Volksmund »Jungfer Kättl« genannt. Im Bierdorf Weißenbrunn ist es möglich: Zu Jubiläen und hohen Festen spendet «Jungfer Kättl« statt Wasser tatsächlich Bier.
Schwimmen, Tennis, Gasthöfe.
*Veranstaltungen:* Weißenbrunner Biertage jeweils im September.

Nach 5 km ab Weißenbrunn folgt die zweitwichtigste Stadt an der Bier- und Burgenstraße,

## *KRONACH

Die Kreisstadt (310–540 m, 18 000 Einw.) bildet den Mittelpunkt des Frankenwaldes. Kronach verdient sich diese Funktion u. a. durch seine angenehme landschaftliche Lage an den südlichen Ausläufern des Frankenwaldes und zwischen den Flüssen Haßlach, Kronach und Rodach sowie vor allem durch ein unverwechselbares Stadtbild, aus dem die Geschichte der Stadt gut abgelesen werden kann. Der Burgberg, auf dem die wehrhafte Veste Rosenberg thront, war vermutlich schon zur Zeit der frühen Karolinger befestigt. Im 10./11. Jh. befindet sich »urbs Crana« im Besitz der jüngeren Babenberger, 1122 schließlich kommt es an das Hochstift Bamberg. Dessen Bischof Otto d. Hl. begründet mit dem Bau der Veste Rosenberg zugleich Kronachs Rolle als nördlicher Eckpfeiler der Bamberger Landesverteidigung. In der zweiten Hälfte des 16. Jhs. wird die Kronacher Veste zu einer für ihre Zeit hochmodernen Festungsanlage ausgebaut. Sie erhält einen fünfeckigen Festungsgürtel mit mächtigen Bastionen. Als Beweis für ihren Rang unter vergleichbaren Festungsbauwerken mag der Hinweis dienen, daß die Rosenberg nie eingenommen wurde.

Dies gilt übrigens auch für die bürgerliche Stadt Kronach zu Füßen der Burg. Auch sie hat allen Belagerungen und Angriffen widerstanden, insbesondere den Attacken durch die Schweden im Dreißigjährigen Krieg. Fragmente des einstigen dreifachen Mauerrings, hinter dem sich die Kronacher so sicher fühlten, sind im Stadtbild geblieben, desgleichen das Bamberger Tor und vier Türme.

Deutlich lassen sich in Kronach Unter- und Oberstadt unterscheiden. Mittelpunkt der Oberstadt mit dem Markt ist die in den Grundmauern ihres Chores romanische, sonst aber von der Gotik geprägte *Stadtpfarrkirche*. Das Langhaus ist eine dreischiffige Halle, die auf kräftigen runden Pfeilern ruht. Es entstand um 1400, die Gewölbe schlossen sich erst um 1500. Ein bedeutendes Portal an der Nordseite stammt von Hans Beheim; ihm ist auch die Annenkapelle (1512/13) auf dem Zwinger der Stadtmauer zu verdanken.

Sehenswert sind noch die *Spitalkirche* (1467) mit anschließendem barockem Spitalbau in der Unterstadt, die *Heilig-Kreuz-Kapelle* auf dem nahen Kreuzberg, das eindrucksvolle *Rathaus* von 1583 mit einem über drei Geschosse reichenden Giebel über zwei massiven Quaderstockwerken, das originelle Haus zum scharfen Eck (16. Jh.) und das ehem. Kommandantenhaus (1692), Amtsgerichtsstr. 21. Der größte Sohn der Stadt, Lucas Cranach d. Ä., wurde im Haus am Marktplatz 1 geboren.

Auf dem Platz vor der Kirche steht die Melchior-Otto-Säule (1654), benannt nach ihrem Stifter, dem Bamberger Fürstbischof. Die Säule ist ein Erinnerungsmal an den heldenhaften Kampf der Kronacher und vor allem der Kronacherinnen bei der Belagerung durch die Schweden 1633/34.

Der Weg von der Oberstadt hinauf zur *Veste Rosenberg* (Abbildung auf S. 50) ist nicht weit. Die Burg selbst, die zu den großartigsten Festungsbauten des sogenannten bastionalen Systems gezählt wird, betritt man durch ein wuchtiges Rustikator von Johann Christei. Der Hauptbau der Burg ist im wesentlichen ein Werk des Bamberger Baumeisters Daniel Engelhardt. Die vier Schloßflügel umschließen einen eindrucksvollen Innenhof, aus dem der quadratische Bergfried aufragt. Wichtig für die originelle Silhouette der Burg ist auch der Dicke Turm (um 1570). Im Kanon der Baustile, die die Rosenberg prägten, dominieren Spätgotik und Renaissance.

In der Burg ist eine *Zweiggalerie des Bayerischen Nationalmuseums* untergebracht, die einen sehr hohen Rang besitzt. Sie vereinigt in 25 Schauräumen fränkische Kunstwerke aus dem Mittelalter und der Renaissance. Es sind mehrere große Namen vertreten, so Lucas Cranach d. Ä. mit vier Gemälden, Tilman Riemenschneider, Veit Stoß, Adam Krafft u. a. Das Museum ist April bis Dez. täglich außer Montag geöffnet. Das zweite Museum auf der Veste ist das bereits 1890 gegründete *Frankenwaldmuseum* im alten und neuen Zeughaus der Burg. Es enthält eine reichhaltige Sammlung von Zeugnissen des Kronacher Handwerks aus mehreren Jahrhunderten, eine sehr interessante und originelle Sammlung von Schießscheiben sowie eine Schau historischer Tisch- und Kaminuhren.

Eine weitere Sehenswürdigkeit ist im Stadtteil Gehülz zu betrachten: die rekonstruierte Toranlage einer Steinbefestigung aus dem 9. Jh. v. Chr. Die *Heunischenburg* genannte vorgeschichtliche Wehranlage gilt als die älteste wissenschaftlich nachgewiesene Steinbefestigung im Europa nördlich der Alpen. Man kann sich anhand von Informationstafeln über die Ausgrabungskampagne informieren, die hier von der Archäologischen Außenstelle des Landesamts für Denkmalpflege 1983–1987 betrieben wurde.

ⓘ Städtisches Verkehrsamt im Rathaus und Tourist-Information Frankenwald, 8640 Kronach, ☎ 0 92 61/ 57 48.
🚌 nach Ludwigsstadt – Berlin und Lichtenfels – Bamberg sowie Kulmbach – Hof.
🏨 »Bauer«; »Försterhof«.
🏠 »Frankenwald«; »Sonne«; »Klosterkeller«; »Hanna«; »Weber«; »Zollinde«. Gasthöfe.
🏊, 🏊, Tennis, Segelfliegen.
*Veranstaltungen:* Schwedenprozession am Sonntag nach Fronleichnam. In ihr gehen die Frauen an der Spitze des Zuges; dieses Privileg erwarben sich die Kronacher Bürgerinnen durch ihre aktive Teilnahme an der Verteidigung ihrer Stadt während der schwedischen Belagerungen. – Freischießen im Aug., das größte Volksfest im Frankenwald. – Altstadtfest im Sept.

Von Kronach aus macht die Bier- und Burgenstraße einen Abstecher von der B 85, die sie bisher benutzt hat und anschließend auch wieder benutzen wird. Ziel ist *Mitwitz* (s. S. 50); der Abstecher ist 9 km weit, ebenso weit ist es wieder zurück zur Bier- und Burgenstraße entlang der B 85. Auf ihr genau nach Norden fahrend, taucht man nun in den Frankenwald ein. Die weite Talaue verengt sich bald, schließlich haben gerade noch die Haßlach, die Bundesbahnstrecke Ludwigsstadt – Berlin und die Bundesstraße im Talgrund Platz. Der Hochwald reicht passagenweise bis an den Straßenrand. Oft ist aber auch der Hangbewuchs aufgerissen, so daß das Gestein zum Vorschein kommt. Es glitzert und spielt in seinen Farben von Blau-Grau bis ins Tiefbraune. Ein weiteres Merkmal dafür, daß die Bier- und Burgenstraße nun tief in den Frankenwald hineinführt, sind die »schrägen Dörfer«.

Ein solches ist *Förtschendorf,* das eine stattliche Brauerei beherbergt. Die meisten Häuser an der Strecke sind verschiefert. Einziger Schmuck der schiefergrauen oder schwarzen Fassaden ist oft eine ornamentale Bleiweißbemalung.

**Steinbach am Wald** (600 m, 3600 Einw.) ist ein staatlich anerkannter Erholungsort mit zahlreichen Freizeiteinrichtungen, so einem Erholungszentrum und dem Skizentrum »Rennsteig«. Die Wehrkirche stammt aus der Zeit um 1500, außerdem sieht man noch Spuren des ehemaligen Klosters Ebersbach.

ⓘ Gemeinde, 8641 Steinbach am Wald, ☎ 0 92 63/ 525.
🚌 nach Kronach und Ludwigsstadt.
🏨 »Pietz«; »Rennsteig«.
🏠 »Flurbachschänke«; »Frankenwald«.
*Veranstaltungen:* Trachtenkirchweih im Juli, Schützenfest im August.

Nächster größerer Ort auf der Bier- und Burgenstraße ist

**Ludwigsstadt** (400–740 m, 4000 Einw.), das ebenfalls zu den hier zahlreichen staatlich anerkannten Erholungsorten zählt. Es liegt bereits an der Nahtstelle zwischen dem Franken- und dem Thüringerwald im Tal der Loquitz, die zur Elbe entwässert – die Wasserscheide ist überwunden.

ⓘ Fremdenverkehrsbüro, am Marktplatz 1, 8642 Ludwigsstadt.
🚌 nach Probstzella – Berlin und Kronach.
🏊, 🏊, Tennis, Skilifte, Rodelbahn.
*Veranstaltungen:* Sehenswerte Trachtenkirchweih im Stadtteil Ebersdorf im August.

Zum Stadtgebiet Ludwigsstadt gehören Ort und *Burg Lauenstein,* wo bis zur Verlängerung hinüber nach Saalfeld in Thüringen die Bier- und Burgenstraße endete. Ein großartiger Abschluß! Der Ort Lauenstein ist über einen steilen Hang drapiert. Die Bebauung endet in der frei auf einem Felsen stehenden Burg, die alles hat, was nach der romantischen Vorstellung eine deutsche Burg haben muß. Obwohl dieser Eindruck teilweise durch bewußtes Romantisieren zustandegekommen ist, erfüllt die Burg Lauenstein auch hohe Erwartungen im kunsthistorischen Sinn. Die Burg war im 13. Jh. im Besitz der Grafen von Orlamünde, später wurde sie verkauft und erlebte häufige Besitzwechsel, bis sie an die Markgrafen von Kulmbach-Bayreuth geriet. Später fiel die Burg an die Krone Bayerns, wurde abermals verkauft und schließlich vom Freistaat zurückerworben. Sie zählt nun zu den meistbesuchten Objekten der Verwaltung der Staatlichen Schlösser, Seen und Gärten im nördlichen Bayern. Eine über mehrere Jahre verteilte Generalsanierung hat die Burg wieder in besten Zustand versetzt.

Man betritt die direkt auf gewachsenem Felsen aufsitzende Burg durch ein mächtiges Tor, das sich in einen romantischen Innenhof öffnet. Ein achteckiger Treppenturm, dessen Spindel durch vier Geschosse reicht, lockert die Strenge der Fassaden. Der 20 m lange Bankettsaal ist eine zweischiffige Halle, deren wuchtiges Gewölbe von Rundsäulen getragen wird. Ein schönes spätgotisches Gewölbe schmückt den Rittersaal, der große Festsaal bezieht seine Würde von einer guten Kassettendecke.

Von der Burg, den Freiterrassen, dem Wehrgang und der Burgschänke aus hat man schöne Ausblicke hinunter in das Loquitztal und hinüber zur Thüringer Warthe, einem auf 678 m Höhe gelegenen Aussichtsturm, der früher den besten Einblick in die den Reisenden verschlossene DDR gewährte.

Am Fuß des eigentlichen Burgbergs befindet sich eine weitere Attraktion Lauensteins: eine weitbekannte Confiserie, wo man den Konfektmachern bei der Arbeit zusehen kann.

🏨 »Posthotel«; »Burghotel«.
🏠 »Am Trogenbach«; »Jahnbräustube«.
*Veranstaltungen:* Burgfest auf der Burg Lauenstein, mit Musik des Mittelalters und der Renaissance, jeweils alle ungeraden Jahre im Juni.

Der Sage nach wurde die geheimnisvolle »Weiße Frau von Orlamünde« hier geboren. Obgleich sie nicht nur hier, sondern auch an etlichen anderen Plätzen Oberfrankens spuken soll, wird behauptet, daß die »Weiße Frau von Orlamünde« jene Gräfin war, die im 14. Jh. in großer Liebe zum Burggrafen Albrecht dem Schönen entbrannt war. Albrecht indes meinte, einer Verbindung mit der Orlamünderin stünden »vier Augen« im Wege. Die liebende Burgfrau glaubte, daß mit den »vier Augen« ihre beiden Kinder gemeint seien, und tötete diese. Dabei hatte der Nürnberger Burggraf ganz andere »Augen« gemeint – die seiner Eltern nämlich. Der Sage nach trat die Kindsmörderin zur Sühne in ein Kloster ein, ohne Ruhe zu finden. Auf der Plassenburg soll sie noch durch die Gänge geistern, im Kloster Himmelkron soll sie gespenstische Gastspiele geben – und natürlich auch auf Burg Lauenstein.

Unten im Tal der Loquitz sind es nur noch ein paar hundert Meter zur einstigen deutsch-deutschen Grenze, die hier in Falkenstein mitten durch eine ehemalige Hammermühle verlief. *Ein Weg nach Thüringen ist nun (auch) die Bier- und Burgenstraße mit dem neuen Endpunkt Saalfeld.*

# Route 8

## Frankenwald-Hochstraße: Ludwigsstadt – Nordhalben – *Bad Steben – Naila – Ködelstausee – Teuschnitz – Rothenkirchen – Tettau – Ebersdorf – (135 km)

7
8

Weil sie nahezu ständig auf und ab führt, hat es den Anschein, als sei diese Route eine Art Achterbahn. Sie reitet über gerodete Kuppen und stürzt wieder hinunter in tiefe Waldtäler, bietet weite Ausblicke und »ertrinkt« dann wieder schier im Wald. Von 16 Parkplätzen aus kann man Rast machen und wenigstens ein Stück weit wandern. – Wir verlassen Ludwigsstadt auf der B 85 nach Süden in Richtung Kronach, zweigen aber bereits nach 1,5 km nach links ab und sind nach 6,5 km in *Reichenbach* (1060 Einwohner), das auf einer weiten Rodung gelegen ist. Der Ort gehörte schon im 12. Jh. zur Ausstattung des großen Zisterzienserklosters Langheim bei Lichtenfels (s. S. 40). Nach weiteren 3 km ist man in

**Teuschnitz** (500–650 m, 2000 Einwohner). Das Bergstädtchen ist ein beliebter Urlaubsort inmitten einer Wanderlandschaft. Es kam 1388 zum Hochstift Bamberg und wurde Sitz eines Bamberger Oberamtes, weshalb sich die Bamberger Bischöfe hier auch ein Schloß leisteten.

ℹ Gemeinde, 8641 Teuschnitz, ☎ 09268/521.
🏊, Tennis.
*Veranstaltungen:* Wiesenfest Anfang Juli, Altstadtfest (September).

Über den Ortsteil Rappoltengrün sind es auf guter, abwechslungsreicher Strecke 6 km nach

**Tschirn** (650 m, 700 Einwohner). Der Ort ist ein typisches Frankenwälder Dorf. Er liegt wie die meisten anderen auf der Schräge. Will man von »unten« nach »oben« gelangen, bedarf es einer mittleren Bergwanderung. In Wilhelmsthal

*Der Kurpark in Bad Steben*

bei Kronach z. B. betragen die Höhenunterschiede zwischen unten und oben weit mehr als immerhin stattliche 100 m. Wie es für den Frankenwald typisch ist, sind in Tschirn nahezu alle Häuserfassaden verschiefert. Wenn im Sommer Blumenschmuck aus dem Grauschwarz des Schiefers leuchtet, ergibt das ein besonders hübsches Bild. Rundum zieht sich ein Netz von Wanderwegen durch eine ruhige, friedliche Landschaft.

**Nordhalben** (500–700 m, 2500 Einw.) ist ein staatlich anerkannter Erholungsort. Der Markt unterhält eine gemeindliche Klöppelschule, in der das ganze Jahr über Hobbykurse abgehalten werden. In der Klöppelschule werden auch Spitzen aus aller Welt gezeigt.

, Ski nordisch, Pferdeschlittenfahrten.

Nordhalben liegt über der Trinkwassertalsperre des Nurner Ködel, den die Frankenwald-Hochstraße später erreicht. Zunächst geht es jedoch nach

***Bad Steben** (600 m, 4000 Einw.), in das höchstgelegene bayerische Staatsbad. Kurgäste, die an Herz- und Gefäßkrankheiten, an Rheuma und an Erkrankungen der Gelenke und der Wirbelsäule leiden, erwarten hier Heilung durch die Anwendung der Bad Stebener kohlensäurehaltigen Heilquellen, einer Radonquelle und von Naturmoor. Der Stebener Säuerling war schon vor etlichen hundert Jahren ein begehrtes Heilwasser. Die Bamberger Fürstbischöfe, in deren Herrschaftsbereich das heutige Staatsbad liegt, ließen sich ihn von Pferdestafetten in ihre Residenz bringen. Seit 1832 ist Bad Steben unter die Obhut des Staates gestellt und als Staatsbad anerkannt. Es wurde in den letzten Jahren großzügig ausgebaut und enthält nun alle Einrichtungen, die der Kurgast von einem Badeort dieser Qualifikation erwartet. Obwohl dabei auch die Bad Steben bereits seit dem 19. Jh. schmückende Eleganz (Münchner Klassik) unterstrichen wurde, hat sich es zugleich seine ländliche Idylle bewahrt, eine Kombination, die von den Kurgästen besonders geschätzt wird. Gut kombinieren lassen sich in Bad Steben Kur und Urlaub, auch im Winter.

Staatliche Kurverwaltung, 8675 Bad Steben.
nach Hof.
»Relaxa«.
»Promenade«; »Bad Stebener Hof«. – Zahlreiche Pensionen.
, , Tennis, Ski alpin/nordisch, Rodeln, Schlittenfahrten. Tägliche Kurkonzerte.
*Veranstaltungen:* Wiesenfest im Juli.

Von Bad Steben aus empfiehlt sich ein Abstecher in den Luftkurort Hölle mit anschließender Wanderung in das wildromantische Höllental bis

**Lichtenberg** (560 m, 1500 Einw.). Das Bergstädtchen hat seinen alten Kern wohlbewahrt. Über dem Ort ragt der 25 m hohe *Bergfried* der früheren Burg auf, auf der gut 200 Jahre lang auch das bekannte fränkische Adelsgeschlecht von Waldenfels das Sagen hatte. Vom Turm aus hat man einen weiten Blick auf die fränkisch-thüringische Wasserscheide und den Rennsteig. Ein Anziehungspunkt ist die neuerbaute *Erholungs- und Freizeitanlage* am 6 ha großen Naturbadesee geworden. Der Bezirk Oberfranken unterhält in Lichtenberg eine musikalische Begegnungsstätte, das *Haus Marteau*. Die von seinen Abschluß- und Meisterklassen gegebenen Konzerte erfreuen sich im weiten Umkreis großer Beliebtheit.

Verkehrsamt, 8671 Lichtenfels.
»Burghotel«. – »Blechschmiedenhammer«; »Friedrich-Wilhelm-Stollen«.
. – .

Zurück zu unserer Route, die auf direktem Weg von Bad Steben aus über den Ortsteil Marxgrün knapp 10 km weit nach

**Naila** (500–700 m, 9500 Einw.) führt. DIe Stadt war, ehe sie an die Bayreuther Markgrafen fiel, im Besitz mehrerer Herren. Ihre erste Blüte erlebte sie im 15. Jh., als von etwa 1450 an Kupfer- und Erzbergwerke entstanden und gute Erträge abwarfen. 1683 wurde Naila Sitz eines Bergamts. Der Niedergang des Bergbaus setzte im 18. Jh. ein; 1850 schloß die letzte Anlage ihre Tore. Heute ist in Naila eine leistungsfähige Industrie mit den Schwerpunkten Textilien, Schuhe,

Maschinenbau und Metallverarbeitung zu Hause. Die Stadt ist auch Sitz einer Fachschule für Bekleidung. Außerdem gibt es Brauereien.

🛈 Stadtverwaltung, 8674 Naila, ☎ 0 92 82/ 7054.
🚌 nach Hof und Bad Steben.
🏊, Tennis.
⌂ »König David« im Ortsteil Hölle.

Die Frankenwald-Hochstraße schwenkt nun auf die B 173 ein. Nach 7 km wird

**Schwarzenbach am Wald** (s. S. 51) erreicht. Bereits hier verlassen wir wieder die B 173 und fahren rechts ab; auf landschaftlich sehr schöner Strecke geht es zunächst nach

**Geroldsgrün** (3800 Einw.) im mühlenreichen Tal der Ölsnitz, die an der Stoffelsmühle in die Rodach mündet. Wanderwege führen auch in kleinere Seitentäler. Am Forsthaus Langenau sprudelt die stahl- und radiumhaltige Max-Marien-Quelle. Die *Pfarrkirche* (18. Jh.) ist von einem befestigten Kirchhof (14. und 15. Jh.) mit drei Wehrtürmen umgeben.

Sehenswert sind im Ortsteil Dürrenwaid, einem staatlich anerkannten Erholungsort, die ev. *Bergkirche* und das Schieferbergwerk Lotharheil.
🏊 (Naturbad).

8 km nach Geroldsgün wartet ein Höhepunkt der Frankenwald-Hochstraße, der *Nurner Ködel*. Aus diesem Trinkwasser-See trinkt halb Oberfranken. Fernwasserleitungen führen von der Trinkwassertalsperre Mauthaus nach Süden bis in den Raum Bamberg und auf einem östlichen Leitungsast nach Bayreuth. Ein 14 km langer Rundweg führt um den stillen See, in dessen Wasser sich der Wald spiegelt. Die Runde um den See (mit einer Wasserfläche von immerhin 92 Hektar) ist besonders im Herbst, wenn die Laubfärbung eingesetzt hat, ein außerordentliches Erlebnis. Wieviele Wandermöglichkeiten sich hier außerdem eröffnen, beweist der große Wegweiser von Mauthaus – ein richtiger Schilderbaum.

Vom Nurner Ködel aus läßt sich ein Abstecher ins rund 5 km entfernte *Steinwiesen* einschieben. Hier gibt es ein neues *Freizeitzentrum* mit zwei beheizten Freibädern, einem Hallenbad mit Wasserfall, Tennis und Fahrradverleih.
⌂⌂⌂ »Aparthotel Frankenwald«.

Vom Nurner Ködel steigt die Straße wieder hinauf auf die Frankenwaldhöhen mit ihren Rodungstonsuren auf den Waldhäuptern. Linker Hand liegt eine beliebte Einkehr, die Hubertushöhe mit Gasthaus. Hier kann man auf klobigen Holzbänken und -tischen gut Rast machen.

Von Tschirn bis Teuschnitz benutzen wir eine Teilstrecke, die wir bereits von der Hinfahrt her kennen; weil sie jedoch so schön ist, macht auch das Dacapo Freude, zumal da der Abschnitt nur 6 km lang ist. Von Teuschnitz aus geht es dann aber wieder ins »Neuland«: zunächst nach Förtschendorf und dann auf der B 85 bis Rothenkirchen. Hier zweigt die Frankenwald-Hochstraße wieder nach rechts ab. Über Buchbach, Schauberg und Sattelgrund erreicht man den *Tettauer Winkel,* der während der Zeit der deutschen Teilung arg abgelegen war und schon von daher Probleme hatte, die aber in gemeinsamer Anstrengung überwunden wurden. Hauptort und Namensgeber des Tettauer Winkels ist

**Tettau** (630–720 m, 3000 Einw.). Der Marktflecken hat eine stark ausgeprägte Porzellan- und Glasindustrie – man sieht es an den großen Fabrikgebäuden, die das Ortsbild dominieren. Die kgl.-privilegierte Porzellanfabrik Tettau wurde bereits 1794 von Friedrich Wilhelm II. von Preußen, an das damals die Markgrafschaft Bayreuth gefallen war, genehmigt. In Tettau wird neben den Creußener Krügen (siehe Route 3) ein zweiter oberfränkischer Krug-Typ hergestellt. Das Kennzeichen des Tettauer Kruges ist seine bauchige Form. In den letzten Jahrzehnten hat sich der landschaftlich reizvoll gelegene Markt auch als Urlaubsort für Sommer und Winter profiliert. Drei Skilifte und teilweise anspruchsvolle Pisten stehen den Alpin-Skifahrern zur Verfügung. Für die Langläufer sind 20 km Loipen gespurt. Eine Rodelbahn rundet das Angebot ab. Ob es auch mit dem Winter zu tun hat, daß die Tettauer *Pfarrkirche* ihre verschieferte Haube wie eine Mütze tief ins »Gesicht« zieht, steht allerdings dahin.
⌂ »Klemm«; »Söllner«.

Über Kleintettau führt die Frankenwald-Hochstraße nach

**Ebersdorf,** einem Ortsteil von Ludwigsstadt (s. S. 56). Hier wird jeweils zu Mitte August ein originelles Fest gefeiert: die Ebersdorfer Trachtenkirchweih. Dabei ist vieles anders als bei einer »normalen« Kirchweih. Veranstaltungsort ist der von Linden gesäumte Tanzplatz in der Ortsmitte. Darauf wird Streu ausgebreitet. Für die Blaskapelle ist das gute alte Dorfwaschhaus das Podium, und wer Tracht trägt, darf sich aus der »Gießkanne« laben – mit Bier natürlich, das nicht nur entlang der Bier- und Burgenstraße der Frankenwäldler liebstes Getränk ist.

# Porzellanstraße: Hof – Rehau – Selb – Marktredwitz (50 km)

Die »Porzellanstraße« ist eine der kürzesten Tourismusstraßen Oberfrankens, aber sie folgt dem wohl wichtigsten wirtschaftlichen Gut, das in diesem Regierungsbezirk produziert wird und mit dem sich Oberfranken durchaus identifizieren kann: mit dem »weißen Gold«, dem Porzellan. Genaugenommen beginnt die Porzellanstraße in Selb, in Marktredwitz ist ihr Ende. Im weiteren Sinne kann man sie aber auch schon in Hof (s. S. 30) beginnen lassen. Die Richtung ist bereits ab Hof eindeutig: immer auf der B 15 bleiben. – Erste Station läßt sich in

**Rehau** (527 m, 10 500 Einw.) machen, und siehe da: Bereits hier wird Porzellan produziert; typischer für Rehau ist allerdings die Kunststoffindustrie. Im Ortsteil *Pilgramsreuth* der Industriestadt steht eine spätgotische *Pfarrkirche* aus dem 15. Jh. Was dieser bescheidenen Landkirche Rang gibt, ist die 1672 begonnene und 1721 beendete barocke Ausstattung. Sie enthält beste Arbeiten des Bayreuther Bildhauers Elias Räntz; sehenswert sind vor allem die Kanzel und der Hochaltar. Wer den fränkischen Barock in seiner ganzen Fülle kennenlernen will, darf deshalb um Pilgramsreuth keinen Bogen machen. Sehenswert sind im Rehauer *Rathaus* auch die Rehauer und Ascher Heimatstuben. Asch ist die Rehau nächstgelegene Stadt jenseits der deutsch-tschechischen Grenze, die von hier nur 7,5 km entfernt ist.

ℹ Verkehrsamt, 8673 Rehau, ☎ 0 92 83/ 200.
🚌 nach Hof und Selb.
⌂ »Zur Krone«; »Fränkischer Hof«.
🏊, 🏊, Angeln, Eislaufen, Ski alpin und nordisch.
*Veranstaltung:* Heimat- und Wiesenfest (Juli).

Auf der B 15 in Richtung Selb weiterfahrend, erreicht man nach gut 5 km

**Schönwald** (610–718 m, 4200 Einw.). Der Ort liegt an den Ausläufern des 825 m hohen Großen Kornbergs und hat hohen Erholungswert, ist aber noch bekannter als Standort der Porzellanfabrik Schönwald, der weltweit führenden Herstellerin von Hotelporzellan. Daß Schönwald am weißen Gold hängt, läßt sich auch an dem großen Porzellanbrunnen in der Stadtmitte erkennen.

ℹ Verkehrsamt im Rathaus, 8671 Schönwald, ☎ 0 92 87/ 51 41.
🚌, 🏊, Tennis, Angeln, Ski alpin/nordisch.

Wichtigste Porzellanstraßen-Station ist eindeutig

**Selb** (550 m, 19 500 Einw.). Die jetzige Große Kreisstadt wurde 1281 als Markt genannt und 1426 mit dem Stadtrecht ausgestattet. 1504 erhielt sie ihren Rang als eine der sechs markgräflichen Sechs-Ämter-Städte. Eine schreckliche Brandkatastrophe, der Hunderte von Gebäuden zum Opfer fielen und die mehr als 3000 Bürger obdachlos machte, löschte 1856 im Ortsbild nahezu alle gebauten Erinnerungen an die lange Geschichte der Stadt. Der Brand machte aber beim Wiederaufbau Kräfte frei, die Selb eine völlig neue Bedeutung gaben – die der Porzellanstadt. 1857 errichtete Lorenz Hutschenreuther in der alten Ludersmühle eine Porzellanfabrik und eröffnete damit eine Entwicklung, die eigentlich auch heute noch nicht abgeschlossen ist. Hutschenreuther blieb nicht der einzige Porzellanhersteller, es folgten weitere nach, und fast alle haben mittlerweile Namen von weltweitem Klang. Selb ist darüber hinaus Sitz des Friedrich-Böttger-Instituts (mit Fachschule und Bildungszentrum). Auch von daher wird sein Rang als wichtigste deutsche Porzellanstadt unterstrichen. Deshalb verwundert es auch nicht, daß in der einladenden Fußgängerzone der zentrale Brunnen aus Porzellan geschaffen ist; auch das Straßenpflaster ist teilweise aus dem weißen Gold.

Sehenswert in Selb sind der Rosenthal-Park mit Hallenbad, dessen Sprungturm von Victor Vasarély geschmückt wurde, ferner das Rosenthal-Theater und die Hutschenreuther-Eissporthalle. Die künstlerisch gestalteten Fabrikfassaden (Piene, Hundertwasser u. a.) sind ein Hinweis auf Qualität und künstlerischen Rang des Porzellans aus Selb. Betriebsbesichtigungen der Porzellanfabriken sind möglich.

ℹ Stadtverwaltung, Ludwigstraße, 8672 Selb, ☎ 0 92 87/ 8 83-0; Fremdenverkehrsverein Selb, ☎ 0 92 87/ 20 60.
🚌 nach Hof und Marktredwitz.
⌂⌂ »Parkhotel«.
⌂ »Schmidt«.

⛺, Jugendzeltplatz.
Waldbad, Reithalle, Tennis, Angeln, Ski alpin (Skischule) und nordisch.
*Veranstaltungen:* Heimat- und Wiesenfest (Juli), deutsch-tschechische Kulturbörse (Mai), Wochen des Weißen Goldes mit Porzellinerfest (Juli/Aug.), internationale Grenzlandfilmtage (April).

Auf der Porzellanstraße sind es rund 10 km bis

**Thierstein** (200 Einw.), einem weiteren ehemaligen Amtsstädtchen im Sechsämterland. Der auf 620 m Höhe stehende Bergfried erinnert an die Burg, die hier einst stand – längst eine Ruine. Da blieb auch für den Bergfried keine andere Verwendung als die eines Aussichtsturms. – Einen Wehrturm hat auch die gotische Ägidienkirche aufzuweisen.

ℹ Gemeindeverwaltung, 8671 Thierstein.

In Thierstein kann man einen Abstecher von der Porzellanstraße machen, ohne deswegen das Thema zu verfehlen. Der Abstecher führt nach links, also Osten, von der B 15 weg nach

**Hohenberg a. d. Eger** (525 m, 1600 Einw.). Hier steht, Selb möge es verzeihen, die eigentliche Wiege der oberfränkischen und bayerischen Porzellanindustrie. Zunächst aber fällt die hoch

*Porzellanbrunnen in Selb*

über dem Flüßchen Eger auf einem steilen, bewaldeten Berghang gelegene Burg auf. Das Städtchen schmiegt sich zu ihren Füßen um den Hügel. Die *Burg Hohenberg,* 1222 erstmals erwähnt, nahm jahrhundertelang am Paß von Schirnding eine Schlüsselstellung an der alten Völkerstraße vom böhmischen Kessel ins Maintal ein. Trotz starker Zerstörungen, die sie im letzten Krieg erlitten hat, ist sie die besterhaltene Wehranlage im Fichtelgebirge. Von ihren Zinnen aus hat man einen weiten Blick hinüber in die CSFR, wo Eger und Franzensbad zum Greifen nahe liegen.

Am Fuß des Burgbergs tritt ein heilkräftiger Sauerbrunnen aus, dessen chemische Analyse auffallend jener der Franzensbader Quellen gleicht.

1814 hat Carl Magnus Hutschenreuther in Hohenberg die erste oberfränkische Porzellanfabrik gegründet. Er war der Vater jenes Lorenz Hutschenreuther, der Selb auf den Weg zur deutschen Porzellanstadt brachte. In der Villa der Hutschenreuther wurde 1982 ein *Museum der Deutschen Porzellanindustrie* eröffnet. Es zeigt v. a. Geschichte und Technik der Porzellanherstellung, aber auch etliche schöne Beispielstücke aus dem »weißen Gold«.

ℹ Fremdenverkehrsverein, 8591 Hohenberg a. d. Eger, ☎ 0 92 33/ 16 04.
🚂 Station Schirnding nach Marktredwitz, Eger – Prag.

Von Hohenberg aus fährt man über Schirnding und auf der B 303 über Arzberg zurück zur Porzellanstraße.

**Arzberg** (479 m, 6900 Einw.) ist nach Selb die zweitgrößte Porzellanstadt Oberfrankens. Der Ort hat 1408 von den Burggrafen von Nürnberg das Stadtrecht erhalten. Der große Naturwissenschaftler Alexander von Humboldt gründete hier eine Bergschule. Seit 1838 wird in Arzberg Porzellan hergestellt. Zwei weltbekannte Unternehmen fühlen sich dieser Tradition auch heute noch verpflichtet. Außerdem ist in der Stadt die älteste bayerische Nagelfabrik beheimatet.

Zu den Sehenswürdigkeiten Arzbergs zählt neben dem alten Pulverturm und dem Wohnhaus Humboldts mit Sicherheit auch das Großkraftwerk der Energieversorgung Oberfranken (EVO) am Stadtrand, dessen Kühltürme schon von weitem sichtbar sind. Im Pfortenbereich des Kraftwerks kann ein interessantes Modell der Anlage betrachtet werden. Von Arzberg aus sind Ausflüge in das böhmische Bäderdreieck Karlsbad/Marienbad/Franzensbad möglich. Eine landschaftli-

10

che Idylle ist das sog. *G'steinigt,* der Durchbruch des Flüßchens Röslau durch hartes Urgestein.

🛈 Stadtverwaltung, 8594 Arzberg, ☎ 0 92 33/ 40 40.
🏨 »Port«. – 🏠 »Lang«.
🏊, Tennis, Ski alpin/nordisch, Skischule.
*Veranstaltungen:* Porzellinerfest (Juli), Vogelschießen (Juni).

Auf der B 303, die einen großen Teil des Verkehrs zwischen Deutschland und der CSFR trägt, sind es rund 10 km nach Marktredwitz. Hier endet die Porzellanstraße. Wer auf der B 303 in Richtung Westen weiterfährt, befindet sich bereits auf der Fichtelgebirgsstraße, oder – so er die Absicht hat, nach Weiden weiterzureisen – auf der Bayer. Ostmarkstraße. Dies könnte sich ändern, falls erreicht wird, was die Tourist-Information Fichtelgebirge derzeit betreibt: die Porzellanstraße bis über Weiden hinaus zu verlängern und sie auch weit früher beginnen zu lassen, nämlich bereits bei Staffelstein am Main. In diesem Falle würde die Porzellanstraße den gesamten Nord- und Ostrand Oberfrankens abdecken.

# Route 10

## Waldsteingebirge: Selb – Marktleuthen – Weißenstadt – Gefrees – Münchberg – Schwarzenbach a. d. Saale – Rehau – Selb (82 km)

Diese Route macht mit der nördlichen Hälfte des Fichtelgebirges bekannt. Sie führt zu den Quellen von Eger und Sächsischer Saale, zum mächtigen Stock des Waldsteingebirges und zu zwei Seen, die nach Größe und Freizeitwert zur Spitzengruppe von Oberfrankens Gewässern zählen. – Auf gut ausgebauter Staatsstraße erreicht man nach rund 12 km von Selb aus

**Marktleuthen** (520–550 m, 4050 Einw.), eine aufstrebende Stadt im Tal der Eger am Fuß des Großen Kornbergs (827 m), auf dessen Gipfel ein Aussichtsturm steht. Von ihm kann man fast das ganze Fichtelgebirge überschauen. Sehenswert sind die St.-Nikolaus-Kirche, die Scheunenstraßen und das orginelle Rußbuttenträger-Denkmal. In der Fichtelgebirgs-Zinngießerei Schmidt kann man zusehen, wie Zinngeschirr entsteht. Auch Kurse in Bauernmalerei werden angeboten. In Ortsnähe findet man das Naherholungsgebiet »Teufelstein«.

🛈 Stadtverwaltung, 8688 Marktleuthen, ☎ 0 92 85/ 12 61.
🚌 nach Hof und Marktredwitz.
🏠 »Aulinger«.
🏊 (Badeteich), Angeln, Tennis, alpines Skizentrum am Kornberg mit Flutlicht und Liften, Loipen, Kanustrecke, Fahrradverleih.

Im nur vier Kilometer entfernten

**Kirchenlamitz** (591 m, 4600 Einw.) lernen wir eine weitere Sechs-Ämter-Stadt kennen, in der Porzellan- und Natursteinindustrie zu Hause sind. Der Ort hat eine sehenswerte gotische Kirche. Auf dem nahegelegenen Epprechtstein (799 m) steht die Ruine einer spätromanischen Burg.

🛈 Stadtverwaltung, 8686 Kirchenlamitz, ☎ 0 92 85/ 12 46.
🚌 nach Hof und Marktredwitz.
🏠 »Post«; »Deutsches Haus«; »Jagdschloß Fahrenbühl«.
🏊 (Waldbad), Tennis, Reiten, Angeln, Stadtteich (Bootsverleih), Ski alpin/nordisch, Eislauf.

Die folgenden 8 km könnten durchaus im Alpenvorland liegen, erst recht der See, der nun ins Blickfeld kommt. Sein Namensgeber ist der staatlich anerkannte Erholungsort

**Weißenstadt** (630 m, 4000 Einw.). Das Städtchen und sein Stadtbild sind von einer 1000jährigen Geschichte geprägt. Bereits 1348 hat Weißenstadt Stadtrecht erhalten. Seinen Reichtum schöpfte es aus dem Zinn- und Kristallbergbau. Die Weißenstädter gebrauchen heute noch ehem. Bergstollen als Vorratskeller.

Die Lage der Stadt am 1976 aufgestauten *Weißenstädter See,* dessen Wasserfläche immerhin 50 ha mißt, vor der Kulisse von Rudolphstein (868 m) und Schneeberg (1053 m) im Süden und Großem Waldstein (880 m) im Norden läßt sich schöner kaum denken. Entsprechend hoch ist der Freizeit- und Erholungswert dieser Landschaft, wo Wassersport aller Art möglich ist.

9

ⓘ Fremdenverkehrsamt am Kirchplatz, 8687 Weißenstadt, ☎ 0 92 53/ 7 11.
⌂⌂ »Welzel«. – ⌂ »Egerquelle«, Weißenhaid; »Birkenhof«, Schönlind; »Reichsadler – Alte Post«.
⛺ direkt am See. – 🏊. – Angeln, Reithalle, Tennis, Eislauf, Skiwandern, Tretbootverleih.
*Veranstaltungen:* Regatten (Juni, Juli, Sept.), Angler-Cup (Juni), Waldstein-Berglauf (Okt.).

Die Quelle der Eger, die hinüber ins Böhmische fließt und dort in die Elbe mündet, befindet sich südwestlich von Weißenstadt bei Weißenhaid. Dort steht auch die Weißenhaider Mühle. Sehr beliebt und erlebnisreich sind die Wanderwege von Weißenstadt aus zum Großen Waldstein und zum Rudolphstein, deren Gipfel markante Felsformationen tragen. Die Quelle der Sächsischen Saale entspringt an der Nordwestflanke des Großen Waldstein. Auch dieser Quellfluß des Fichtelgebirges mündet, nach mehr als 400 km, in die Elbe. Beide Flüsse unterstreichen zusammen mit dem Main, dem wichtigsten rechten Nebenfluß des Rheins, und der zur Donau fließenden Fichtelnaab die Bedeutung des Fichtelgebirges als der wichtigsten mitteleuropäischen Wasserscheide.

11 km westlich von Weißenstadt lernen wir mit

**Gefrees** (503 m, 5000 Einw.) ein freundliches Städtchen am nordwestlichen Rand des Fichtelgebirges kennen. Leider sind dem Stadtbild heute mit Ausnahme des *Künnethschen Barockhauses* (Markgrafenstil) und der *Gottesackerkirche* (1594) die historischen Dominanten genommen.

ⓘ Stadtverwaltung, 8586 Gefrees, ☎ 0 92 54/ 89 18.
⌂ »Grüner Baum»; »Entenmühle«.
🏞 Tennis, Reiten, Ski alpin/nordisch, Naherholungsgebiete »Hügelwiese« und »Lübnitzgrund«.
*Veranstaltungen:* Internationaler Skimarathon im Febr., Volks- und Wiesenfest am zweiten Juliwochenende, Trialmeisterschaften im Sept.

In Gefrees, 35 km ab Selb, mündet die Route in die B 2, der sie nun in nördlicher Richtung folgt. Nach 12 km ist man in

**Münchberg** (535 m, 12 000 Einw.). In dem lebhaften Städtchen ist vor allem Textil-, Bekleidungs- und Steinbearbeitungsindustrie daheim, die Brauereien nicht zu vergessen. Die Bedeutung der Textilstadt Münchberg unterstreicht die Staatliche Textilfachschule (Technikerschule). In dem recht gepflegten Stadtbild sind noch Reste der ehemaligen Stadtbefestigung anzutreffen. In Klein-Losnitz ist in einem Vierseithof das *Oberfränkische Bauernmuseum* eingerichtet; es kann von April bis Oktober besichtigt werden.

ⓘ Stadt, 8660 Münchberg, ☎ 0 92 51/ 87 40.
🚌 nach Kulmbach und Hof.
⌂⌂⌂ »Seehotel Hintere Höhe«.
⌂⌂ »Braunschweiger Hof«.
⌂ »Schotteneinzel«; »Zum Ritterwirt« im Ortsteil Schlegel.
🏞, 🏊, Angeln, Tennishalle, Reithalle, Reitstadion, Flugsport, Naherholungsgebiet »Hintere Höhe«, Skilanglauf, Eislauf.
*Veranstaltungen:* Münchberger Sommerkonzerte (Juli/Aug.).

Von Münchberg aus benutzt unsere Route die B 289 in Richtung Schwarzenbach a. d. Saale, nicht zu verwechseln mit Schwarzenbach am Wald. In Weißdorf, 5 km hinter Münchberg, steht ein schönes *Wasserschloß* aus dem 16./18. Jh. mit der sog. Dresdner Brücke (1715). Got. *Pfarrkirche* mit sehenswerten Wandmalereien.

**Schwarzenbach a. d. Saale** (502–597 m, 8500 Einw.), die im oberen Tal der hier noch kindlich-jungen Saale gelegene Stadt, hat reichlich Industrie (Porzellan, Maschinenbau, Textil, Hefeprodukte, Chemotechnik und Schuhe). Sehenswert sind die Altstadtpartie an der Saale, die St.-Gumbertus-Kirche und die St.-Franziskus-Kirche. Das frühere Schloß wird jetzt als Rathaus genutzt. Auf dem Friedhof findet man das Grab von Jean Pauls Vater. Weite Sicht in alle Himmelsrichtungen bietet der Aussichtsturm auf dem Hohen Kornberg (827 m). Im Süden des Stadtgebiets erstreckt sich Oberfrankens größte Wasserfläche, der *Förmitzstausee.* Der künstliche See mit 120 ha Wasserfläche ist so geschickt in die Landschaft integriert, daß er den Anschein erweckt, es hätte ihn schon immer gegeben. Wassersport ist hier in seiner ganzen Breite möglich

Wem das noch nicht genügt, der fahre gut 10 km von Schwarzenbach in nördlicher Richtung. Dort gibt es mit dem Untreusee vor der Hofer Haustür ein weiteres Revier, das sich insbesondere gut zum Segeln und Surfen eignet.

ⓘ Stadtverwaltung, 8676 Schwarzenbach a. d. Saale, ☎ 0 92 84/ 5 05.
🚌 nach Kulmbach und Hof.
⌂ »Sonne«; »Quellenreuther Hof«.
🏊, Tennis, Reiten, Ski alpin/nordisch.

Nach 8 km ab Schwarzenbach a. d. S. ist man bereits in *Rehau,* das sich an der nordöstlichen Ecke des Naturparks Fichtelgebirge befindet (s. Route 9). Von Rehau fährt man noch 11 km bis nach *Selb* (s. S. 60), wo die Route endet.

# Register